Una cita con la psicosis

Isidoro Vegh

Laura R. D'Agostino
Noemí Romano
Carlos Benevet
Marcelo Lebedinsky
María Mendes
Silvia Cabanas
José Fernández Tuñón
Viviana San Martín
Guillermo Umarán
Edgardo Álvarez
Martín Baudizzone

Colección la clínica en los bordes

Vegh, Isidoro
Una cita con la psicosis - 2a ed. - Rosario : Homo Sapiens
Ediciones, 2007.
(La clínica en los bordes; 7 dirigida por Pura H.
Cancina)

1. Psicoanálisis. I. Título
CDD 150.195

Dirección de la colección
La clínica en los bordes
Pura H. Cancina

1ª edición, abril, 1995
2ª edición, octubre de 2007

© 2007 - **Homo Sapiens Ediciones**
Sarmiento 825 (S2000CMM) Rosario | Santa Fe | Argentina
Telefax: 54 341 4406892 | 4253852
E-mail: editorial@homosapiens.com.ar
Página web: www.homosapiens.com.ar

Ilustración de tapa:
Mujer de pie, Alberto Giacometti

Diseño editorial: Adrián F. Gastelú

Agradecimientos

Este libro no habría sido posible sin el entusiasmo de un equipo de jóvenes profesionales, artistas y artesanos que han volcado su esfuerzo y creación en una ardua tarea cotidiana. Sus nombres rubrican algunos de los capítulos que siguen.

Otros guardan su reflexión para otra vuelta. A cada uno, mi agradecimiento. A Guillermo Umarán, Ricardo Brun, Viviana San Martín, Marcelo Lebedinsky, Silvia Oliveira, Noemí Romano, Carlos Benevet y Silvia Cabanas, muchas gracias.

También a Edgardo Alvarez quien nos acompañó en algunas vueltas, a los integrantes del cartel de presentación de pacientes psicóticos, José Fernández Tuñón y Martín Baudizzone quienes junto a Laura D'Agostino y quien escribe sostuvieron el encuentro público con los límites de su saber, condición de inicio para entrar en el campo de las psicosis.

A Laura D'Agostino, quien dirigió como sólo ella sabe hacerlo, el equipo, mi asombro y mi cariño por un talento que no poseo.

Al Dr. Ramón Gómez Beloso, jefe del Servicio de Salud mental del Hospital Zonal de agudos "General Manuel Belgrano", mi agradecimiento por admitirnos en un espacio que habitualmente dominan los prejuicios. Su amplitud y cordialidad fueron imprescindibles para la tarea que este texto testimonia.

A los asistentes a las presentaciones, nuestro agradecimiento, —hago extensivo el del equipo— por acompañarnos con su presencia, sus preguntas y sus puntuaciones.

A Pura Cancina vaya nuestra gratitud por su gentil ofrecimiento para publicar estas reflexiones en Homo Sapiens.

A Alejandro Vegh y a Mariana Rodríguez mi reconocimiento por su esmerada tarea de compilación y desgrabación.

Por último, para subrayar su primer lugar en la serie que con ellos se inicia y concluye, razón y causa de la experiencia, a los pacientes, a cada uno que se acercó a nosotros y confió si no en nuestro saber, al menos en nuestro sentir. Fue su modo de avalar una ética que compartimos.

Isidoro Vegh

Prólogo a la Primera Edición

La cita hace del lugar un encuentro con el otro. Para quien padece la errancia que lo pierde, la afecta de una presencia que conjuga, en espacio y tiempo, reparo disponible: es una respuesta.

Así se quiso esta experiencia que se acerca al decenio, de la que estas letras dan testimonio[1]. Un tratamiento de la psicosis, posible por la sujeción a su estructura.

Es el precio de una caída: del ideal de la norma, aún de la normalidad, que reconoce en el devenir de la psicosis una forma del sujeto.

Que interroga el sentido de nuestro mundo, las creencias informuladas.

Como el saber hecho razón, como razón de privilegio en la intervención del analista.

Que ni vale de preferencia en las neurosis, se extrema en las psicosis.

Intervenciones en lo real, adecuan su respuesta a otra estructura que no frecuenta el diván pero, a veces, articula su demanda.

O presenta, en un dolor, la invitación a una ética allí donde el saber desfallece.

Intervenciones en lo real de una estructura que distingue transferencias donde **la** transferencia se muestra mortífera.

Que otorga encuentros variados, donde el encuadre se quiebra.

---

1. De la historia, da mejor detalle el texto de Laura D'Agostino, "Acerca de la clínica diaria con pacientes psicóticos", que incluye este volumen.

Que acerca en la diversidad de las tékhne, un saber en lo real que produce un objeto. De goce, que limita otro goce que consume y arrasa como el fuego sin coto.

Tékhne de las texturas que separa el toque del tacto en la incisión del grabado.

Tékhne de la voz, en la música sublimada que arrima al murmullo de las hojas, el canto de los grillos o la escansión del trueno.

Tékhne del cuerpo y la mirada, que en la coreografía cuadricula el tiempo en el espacio, hasta que la figura se muestra y da su goce.

Alternancias que el *Fort-Da* nombra en inicio; una puerta lo rubrica en su vaivén.

El umbral, que no se piensa, se atraviesa o nos detiene. Kafka, ante la ley, lo desliza en breves líneas, inolvidables.

Ejercicio del umbral, de un goce que cierra a otro. De una pérdida que paga entrada a otra cita. Con la psicosis dijimos. Con el deseo, aunque sea brizna, si el umbral pasa.

Es la experiencia ensayada de la que este libro hace relato: jornadas de cada año que intimaron, propicias, la reflexión. La ofrecemos más como pedido que como conclusión. A quienes, asiduos de igual cita, o atentos a la nuestra, quieran decirnos su parecer.

ISIDORO VEGH, diciembre de 1994.

Prólogo a la segunda edición

¿Qué nos incita a esta edición que retoma y amplía la que inauguró la serie, hace ya casi quince años?

Jóvenes colegas, psiquiatras y psicólogos con formación psicoanalítica nos mostraron las copias de este libro, agotado hace tiempo en el circuito comercial. Que estas hojas circularan de mano en mano, que sirvieran de guía a tantas propuestas de cura para un campo, el de las psicosis, que marca el límite de nuestra disciplina, nos ofreció la letra en que leímos un anhelo: de la orientación vectorial que acepte lo real de la estructura. "Hay psicosis" es la afirmación de inicio en la cual chocan las mejores y las peores intenciones cuando intentan someter a sus designios, honestos o espurios, un real que los enfrenta y los cuestiona.

La cita que no eludimos, y a la que de otro modo, aún, acudimos, nos dio, nos da, la oportunidad de poner a prueba nuestras tesis y aprender de nuestros errores.

Es por eso que nuestro agradecimiento, extendido en las páginas inaugurales, hoy lo destinamos a aquellos que, desde su padecer, nos invitaron a acompañarlos por una ética que no resigna al sujeto.

Edición ampliada, conserva los textos valorados y les suma una retórica de las psicosis[1] que intenta acercar un instrumento y una reflexión. Para una distinción no siempre alcanzable, cuando los fenómenos elementales se ausentan, la clínica no eclosiona y sin embargo

---

1. Isidoro Vegh, "Retórica de la Psicosis", en este libro.

nos reclama la ajustada estructura que no arriesgue inoportuna intervención: interpretar la castración en la psicosis o es inoperante o desencadena el cuadro.

También acompañan estas hojas una reflexión sobre el transexualismo[2], la sexuación y el goce, que no se distribuye del mismo modo según sea la estructura que domine, neurosis, perversión o psicosis.

Una reflexión de la práctica del taller de cine[3], invita a avanzar en el campo escópico, donde la mirada perseguidora tantas veces es la luna oscura que ensombrece la vida. Algo de su lógica se articula a la institución del mundo y del sentido en reflexión del texto de Arthur Schnitzler[4], autor preferido de Freud que nos habla de un hombre normal: Lacan dijo: "los psicóticos son normales".

Por último, aunque no menos relevante, el detallado relato de los tiempos de la cura[5], la posición del analista y su interrogación del ideal, que hace de obstáculo repetido en la vida y en la cura, acercan una enseñanza que muestra sus valores.

Una cita con la psicosis admite que merece su lugar en la *polis*. Que sea posible, requiere la admisión de sus coordenadas: espacio y tiempo no se igualan al nuestro, su mundo es distinto.

El encuentro, imposible, será real si a lo real de su estructura nos avenimos.

Isidoro Vegh, marzo de 2007.

---

2. Laura D'Agostino, "Sexualidad y Psicosis", en este libro.

3. María Mendes, "Ruido de Magia", en este libro.

4. Isidoro Vegh, "Para una lógica de la mirada. Un hombre normal", en este libro.

5. Guillermo Umarán, "Daniel necesita un otro en quien confiar", en este libro.

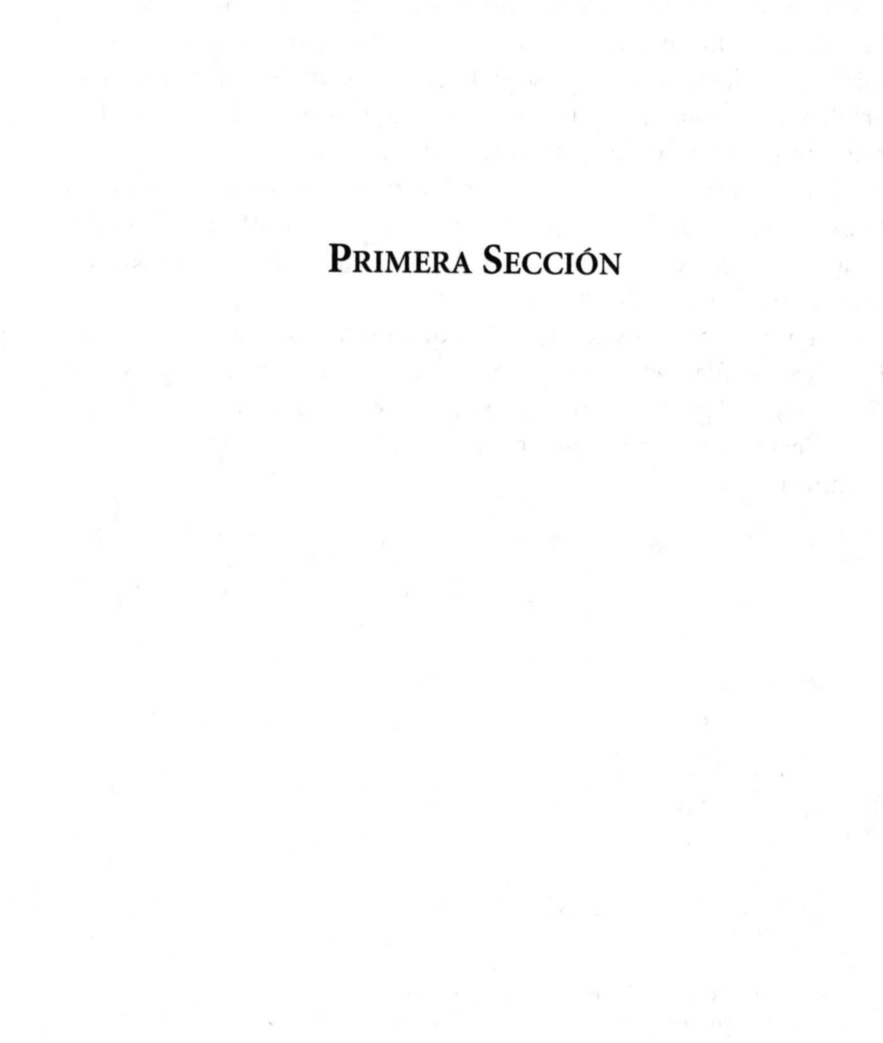

PRIMERA SECCIÓN

Puntuaciones de un recorrido
en el campo de la Psicosis*

Isidoro Vegh

Cuando comenzó la jornada, recordamos algunas fechas: indican las vueltas que transitamos, las que me llevan a estas puntuaciones como enunciación programática: se ofrecen para el inicio de otra vuelta. Para que el programa avance en esta difícil delimitación entre el delirio de la ciencia y el delirio a secas, necesita ubicar su guía en las líneas recorridas de un desarrollo teórico y una práctica en causa y acuerdo.

No es un congreso realizado en el ámbito académico, es una reunión en la escena de una práctica. Tan real que en el fondo irrumpen quienes dan razón de este encuentro.

Incluye una práctica que me excede; en primera instancia, la del equipo que me acompaña, cada uno de cuyos integrantes participa desde su deseo en este difícil encuentro con el discurso de la psicosis; pero también la de aquellos con quienes comparto la presentación de pacientes, a la que muchos de ustedes, que se encuentran aquí, asisten activamente enhebrando un nudo de investigación, transmisión y cura.

Esta mención, además de ofrecerla como agradecimiento, es inherente al programa que intentaré proponerles.

---

* Texto leído durante las Jornadas del Hospital Belgrano, con fecha 11 de diciembre de 1993, Buenos Aires.

El recorrido comenzó para mí hace muchos años; no voy a hablar de esa historia, sino de la que venimos realizando juntos. Nos reunimos a partir de la aceptación de algunas tesis que intentan aproximar, desde mi experiencia y mi lectura, propuestas que el psicoanálisis, tal como lo encuentro en Freud y en Lacan, me permiten sostener. Una tesis muy simple es la de inicio: hay psicosis.

Arriesga consecuencias fuertes si se indaga la afirmación que sostiene; "hay psicosis" enuncia que la psicosis es una estructura diferenciable de otras. Reclama consecuencias teóricas, prácticas y éticas.

En la historia del psicoanálisis se produjo un acontecimiento meritorio cuando una de sus grandes corrientes, la escuela kleiniana, decidió extender la práctica psicoanalítica a los psicóticos. Hay allí una decisión que no dejo de saludar, arriesgado intento de acudir a la cita con la psicosis.

Sin embargo, el desconocimiento de la especificidad de la estructura psicótica llevó a muchos analistas, con el mejor de los anhelos, a la práctica homóloga a la que intentaban con los pacientes neuróticos. Se sustentaba en el postulado teórico del núcleo psicótico de la personalidad. Las consecuencias criticables se aprecian leyendo los historiales, las entrevistas o las supervisiones de entrevistas con pacientes psicóticos. Ejemplos de forzamiento: se le decía al paciente: "Ahora usted dice esta frase para atacar mi cerebro separando una frase de otra". El paciente respondía otro enunciado, entonces se le volvía a decir una frase como la siguiente: "Y ahora no sólo eso sino que busca separar una palabra de otra". Hay copia, son supervisiones que hizo R. Bion cuando estuvo en Buenos Aires, controles de casos que presentaron analistas de la APA (Asociación Psicoanalítica Argentina). Llevaban a un camino equivocado, éticamente criticable, aunque su anhelo fuera el mejor.

"Hay psicosis" afirma la existencia de una estructura cuyas leyes nos reclaman un abordaje distinto. Un ejemplo es el relato que contó Viviana San Martín[1]; para una perspectiva ese paciente al que se refirió podría ser inanalizable; para otra, un paciente que se resiste al

---

1. Viviana San Martín, "Intervenciones en una melancolía", trabajo presentado en la Jornada del Seminario de Presentación de Pacientes Psicóticos, realizada en el Hospital Manuel Belgrano, con fecha 11 de diciembre de 1993, Buenos Aires.

extremo; para otra, la que por fin decidió sostener, la cuestión pasaría por admitir que el enfoque, el abordaje, y por ende la intervención, estaban equivocados. Cuando reconoció que era una estructura que reclamaba desde sus propias leyes otro tipo de intervención, los resultados cambiaron.

Es lo que me llevó a iniciar una investigación; desde una reflexión que planteamos como provisoria, dijimos que nada nos ata a una conclusión que intentamos poner a prueba; que haya sido propiciatoria no nos impide anticipar que cuando encontremos alguna mejor no tendremos duda en cambiarla.

Intentamos una nosografía que desde el psicoanálisis pudiera servirnos en función de las tesis de inicio. Así precisamos la extensión desde la psicosis al campo de la psicosis. Encontramos que, por su evolución, pronóstico y resolución, no eran identificables cuadros distintos, y respecto de los cuales algunos nos reclaman la deuda de su distinción en lo mejor de la extensa historia de la psiquiatría.

Al pasarlas por el molinete de nuestra disciplina, con ciertas categorías de la psiquiatría clásica coincidimos; con otras, no.

Para una nosografía mínima, requerimos de algunos elementos de la teoría psicoanalítica que nos permitieron establecer diferenciaciones; concluimos que nos era necesaria más de una operación. La operación freudiana fundante, la prohibición del incesto, o aquella con la que Lacan escribe la divisoria de aguas entre neurosis y psicosis, la metáfora paterna, no nos resultaban suficientes para establecer la variedad de las psicosis.

Encontramos la ayuda necesaria en la distinción de tiempos en la operación de identificación a la que Lacan retornó críticamente durante los últimos años de su vida. En el comienzo de su enseñanza, había llamado "identificación primaria" a la identificación al rasgo[2]. En su seminario sobre la identificación, de los años 1961 y 1962, lo mantuvo; como Lacan tampoco se creía Lacan, pudo reconocer en acto su error cuando, a partir de *L'insu que sait de l'une-bevue s'aile à*

---

2. Jacques Lacan, *Séminaire Les formations de l'inconscient*. Éditions du Seuil, Paris, 1998. Jacques Lacan, *Seminario El deseo y su interpretación*, de los años 1958 y 1959, versión inédita.

mourre[3], admitió que había descuidado la enigmática referencia freudiana a la identificación primaria al padre.

Apelamos, asimismo, al texto de Freud *Psicología de las masas y análisis del yo*[4], referente que Lacan retoma para dar la lógica de las tres identificaciones: la identificación primaria, *Einverleibung*, incorporación de lo real del Otro real; la identificación secundaria, simbólica, al trazo; y la identificación histérica o imaginaria, al deseo del Otro. Con esas tres operaciones instituyentes, arriesgamos una mínima nosografía, según la eficacia o el traspié de cada una de ellas, varias o todas.

La clínica lo muestra, una psicosis se define precozmente. En las grandes psicosis —nombraré así a la paranoia, a la esquizofrenia e incluiré a la parafrenia tal como Lacan la presenta— la falla fundante se encuentra en un fracaso primario en la identificación. La identificación primaria, necesaria como antecedente lógico para que la represión primaria se cumpla, determina el fracaso en las identificaciones siguientes, que se van a resolver en estructuras diferenciables por el modo de restitución.

En la paranoia, restituyendo el fracaso con la constitución de esa coraza que llamamos personalidad; por eso Lacan suele llamar a la paranoia "la psicosis de la personalidad". En la esquizofrenia, el fracaso originario no consigue remedio a la fragmentación imaginaria, el déficit yoico deja sin sostén el lugar del sentimiento. Lacan propone llamarlas enfermedades de la mentalidad: es típico en la esquizofrenia, la imposibilidad del afecto. No son más que manifestaciones del fracaso imaginario.

La parafrenia consigue restituir una cara de la moneda imaginaria: la lámina continua con la cual cada mañana uno se viste, pero no logra —como dice poéticamente Lacan refiriéndose al texto de Marguerite Duras[5]—, poner un cuerpo adentro. Falta ese pedazo de real que hace que un hábito sea algo más que una cubierta que nombre al monje.

---

3. Jacques Lacan, *Séminaire L'insu que sait de l'une-bevue s'aile à mourre*, versión inédita. Texto de la clase del 16/11/1976.

4. Sigmund Freud, "Psicología de las masas y análisis del yo" (1921), en: *Obras Completas, volumen XVIII*, Amorrortu, Buenos Aires, 1976.

5. Marguerite Duras, *op. cit.*

Hasta aquí tres grandes psicosis[6], cada una con un pronóstico y una evolución que reclaman un modo de intervención específico. Luego situamos la melancolía y la manía en otro nivel de estructuración. Diferenciamos la melancolía del duelo normal, también del duelo patológico en la neurosis; reconocimos a la melancolía el valor de categoría nosográfica. En la melancolía y en la manía, nos basamos en la evolución de sus cuadros, la identificación primaria, identificación primera a lo real del Otro se había cumplido; el fracaso se suscitaba en una parte de la red simbólica, que determinaba la patología imaginaria. En la melancolía, deja al sujeto bajo la sombra que lo aplasta; en la manía, en la elación narcisista que no encuentra freno, tiempo de excitación que puede todo, no encuentra límite. Pregnancia de la nada y el fonema respectivamente, objetivados como instancias a las que el sujeto se identifica, muestran el fracaso del trazo que corta una especie del objeto, variante de goce.

Por último, habíamos planteado que en la neurosis también podían darse ciertos fenómenos que, siguiendo la tradición, nombramos como "locura histérica": un fracaso en la identificación imaginaria producía un efecto regresivo en términos tópicos que afectaba transitoriamente a lo simbólico. Por eso, habíamos propuesto el concepto de regresión forcluyente[7].

Desde esta nosografía decidimos avanzar en la estructura y la transferencia, que permite, en una perspectiva que no desdeña los postulados básicos de nuestra disciplina, un abordaje de los pacientes psicóticos en sus diferentes manifestaciones. No son iguales las intervenciones posibles según las estructuras, sin embargo, cuando la psicosis se manifiesta clínicamente, para cualquiera de los cuadros que acabamos de nombrar, ciertas constantes son reconocibles.

Cuando se produce la proliferación sintomática que la clínica presenta, el psicótico no pregunta por su causa como un saber que se le escapa; es la marca que lo muestra.

Ejemplo de ficción: si Schreber preguntara qué son esas voces que escucha no lo haría como el neurótico. Si lady Macbeth fuera neurótica

---

6. Isidoro Vegh, "Las psicosis", en: *Matices del psicoanálisis*, Agalma, Buenos Aires, 1991, pp. 53-67.

7. Ibídem.

y acudiera a un consultorio, demandaría: ¿por qué me estoy lavando las manos todo el día?

Pero si Schreber se lavara las manos incansablemente, nos contaría: "me lavo las manos todo el día porque Dios me lo reclama"; no es su pregunta, en eso no otorga posibilidad a la metáfora, para él tiene valor de real. Sus alucinaciones, su delirio, no son significantes sustituibles, son de lo real.

Así no sorprende que la mayoría de los psicóticos no acudan por su propia voluntad, más bien son traídos; o alguien se lo indicó, un familiar, el médico; o vienen porque sienten una angustia con la que no saben qué hacer, o un insomnio persistente que no les otorga reposo.

Si aceptamos que la transferencia simbólica, como la propone el neurótico, se sustenta en lo que al sujeto se le pierde como saber de su síntoma, eso que atisba como límite de su saber en aquello que sufre es la condición para que otorgue al otro el supuesto de una eficacia; Lacan lo llama Sujeto supuesto Saber. En la psicosis es irrealizable, más bien el sujeto pretenderá contarnos su saber. Lean a Swedenborg[8], cuenta que viajaba por el cosmos, conversaba con los ángeles; de eso escribió para dar su testimonio, brindarnos el don de su saber.

Si el psicótico juega su clínica, sufre de exceso y no de falta: Schreber cuenta un goce que ninguno de nosotros tiene, un saber del cual nosotros carecemos. ¿Cómo perfilarnos en la transferencia para que no desdiga nuestra ética? Ética del psicoanálisis, hace su eje en el aforismo: "no ceder en su deseo". El psicótico —al menos en sus formas desplegadas— nos cuenta del desencuentro extremo que mantiene con su deseo. Es común que el psicótico estabilizado nos diga: "Me levanto a la mañana, voy al trabajo; tengo mujer, tengo hijos; pero dígame, doctor, ¿para qué?". Suele provocarnos gran desazón, hasta un sentimiento de angustia. No encuentra el gusto de la vida, el que surge cuando el sujeto se reúne con su deseo, cuando se instituye como sujeto del deseo. Para hablar de sujeto en la psicosis precisamos la definición: llamo sujeto al efecto que responde al Otro. Precisa ambigüedad: responde al Otro en sus mandatos, pero responde también con sus cuestionamientos, sus interrogantes y su negación.

---

8. Inmanuel Swedenborg, *Antología*, Editora Nacional, Madrid, 1977.

¿Por qué hay restitución en las psicosis, por qué Schreber hace su delirio? El sujeto, aunque sea psicótico, no es feliz cuando sólo es objeto del goce del Otro. Mientras ser mujer es para Schreber nada más que ser objeto de una conspiración de emasculación organizada por Flechsig y Dios, la vida es un infierno, lo único que quiere es suicidarse.

Cuando inventa su delirio según el cual tiene una misión —función clave en la psicosis—, construir junto a Dios, como su mujer, un mundo mejor, encuentra un sentido. La restitución del psicótico tiene el mismo valor que para el neurótico el reencuentro de su deseo. El problema es que la mayoría de las construcciones delirantes lo apartan del lazo con los otros, salvo algunos casos excepcionales en que consiguen dirigir alguna secta u otra empresa parecida.

¿Qué le queda como suerte al analista? Primero un objetivo: seguimos manteniendo los ejes de la ética que el psicoanálisis propone en diferencia clara con el discurso de la medicina; es la discusión que cualquiera que trabaja en un servicio de psiquiatría suele enfrentar el día viernes. El médico dice: "Por su vida y la de los demás, el paciente no sale". El analista dice: "Como la vida por sí misma y sin deseo se asemeja a la muerte, con un riesgo acotado, que salga; sin deseo no es vida".

Los dos tienen razón, el discurso médico pone su eje en la vida; el psicoanálisis tiene como eje el deseo, y éste incluye la muerte.

¿Cómo se perfila el analista en la transferencia con el paciente psicótico?: no ocupa el lugar del Sujeto supuesto Saber ni sostiene la presencia del objeto. En los antiguos, en Platón, encontramos en su diálogo sobre la amistad, llamado *Lysis*, una enseñanza sugerente.

El analista, como en la amistad, puede situarse ante el discurso del paciente psicótico propiciando que más allá de su cuerpo —no es así en el discurso de la neurosis: si el analista, como dice Lacan, no está dispuesto a tener tetas como Tiresias, no puede ser analista— encuentre, en otro espacio, su objeto de goce.

Tesis clásica, la sublimación de los impulsos homosexuales es la que funda la amistad. Es el efecto de sublimación por el cual el analista soporta que más allá de su presencia, el paciente psicótico encuentre el objeto de goce en el campo del Otro real, en el campo de lo social. Lo propicia en el tiempo más precoz posible, como lo intentamos en este espacio.

La experiencia nos enseña que al intervenir de otro modo, interpretando como en la neurosis la castración del Otro, se producen dos efectos: el mejor, deja al sujeto impasible; el peor, produce más psicosis. No lo descubrimos sentados en un escritorio, pagamos por el precio del error.

Por último, en este arduo recorrido recordamos que el psicótico si bien carece de acceso a la palabra, igual que nosotros, es sujeto del lenguaje. Si aceptamos esta tesis, concluimos que el sujeto de la psicosis se da a leer de distintos modos. Voy a presentar el nudo borromeo, para distinguir lo Real, lo Simbólico y lo Imaginario del registro Simbólico[9].

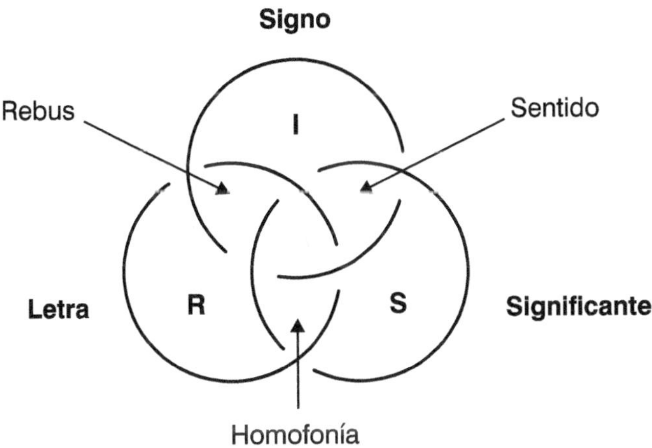

Nos servirá para exponer los modos en que el psicótico, sujeto del lenguaje, se da a leer.

En lo imaginario (de lo simbólico), estamos en el campo del signo; en lo simbólico (de lo simbólico), es el campo del significante; en lo real (de lo Simbólico), la letra. Efecto del entrecruzamiento de estos campos, donde se intersectan lo imaginario y lo simbólico emerge el sentido; donde se cubren lo real y lo simbólico, domina la homofonía que en la neurosis es terreno preferente de la repetición

---

9. En la escolástica del nudo, de cada uno de los tres registros cabe desplegar lo Real, lo Simbólico y lo Imaginario.

significante; donde se encuentran lo real de la letra con el signo, se dibuja el lugar del rebus.

El rebús, que también se da en el neurótico, se ofrece con una diferencia: el neurótico se muestra en la interlínea inconsciente, en cambio, en el psicótico, se explicita su literalidad, "las cosas por las palabras, las palabras por las cosas".

Modos en que se da a leer, no dicen el modo en que intervenimos. Vayamos al nudo tal como está planteado, ya no en las variantes de lo simbólico, sino con los tres anillos de lo real, lo imaginario y lo simbólico, con el goce fuera de la palabra, el sentido y el goce fálico, en el cubrimiento de imaginario y real, imaginario y simbólico, real y simbólico respectivamente.

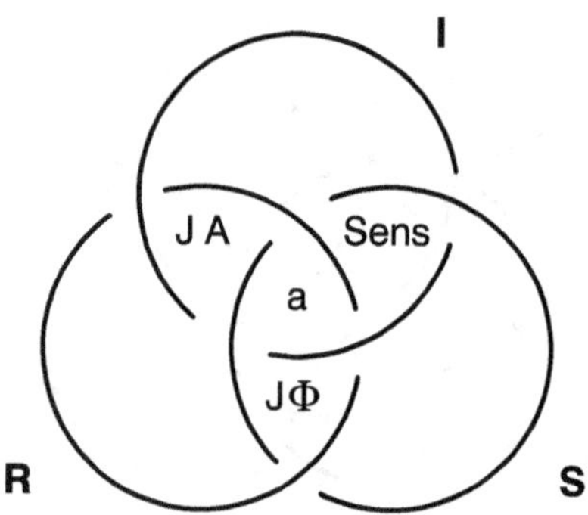

En la psicosis la certeza domina en el campo del goce del Otro. La pretensión de intervenir en este lugar a través de un intercambio de escritura como se hace en las neurosis es una utopía.[10]

La psicosis nos brinda la ocasión preferencial de practicar las que nombramos como "intervenciones en lo real". Del mismo modo que en la neurosis, el analista se encuentra con la ineficacia de la interpretación allí donde el corte no alcanza el extremo de la estructura.

La psicosis reclama otra opción, otro tipo de intervención.

---

10. Jacques Lacan, *Séminaire Moment de conclure*, versión inédita. Texto de la Clase del 20/12/1977.

Requiere un dispositivo[11], pero lo excede. Para desplegarlo voy a proponerles un modelo.

Es apenas un modelo, no es una topología. Encontramos modelos en autores valorados, los clásicos modelos del peine en Freud, el modelo óptico en Lacan, etc. La diferencia entre un modelo y una topología es que aquel siempre peca en más y en menos de lo que intenta exponer.

Quiero proponer un modelo que circula, es contemporáneo. Es el modelo del ordenador, de la computadora. ¿Cuál es la estructura mínima de una computadora?

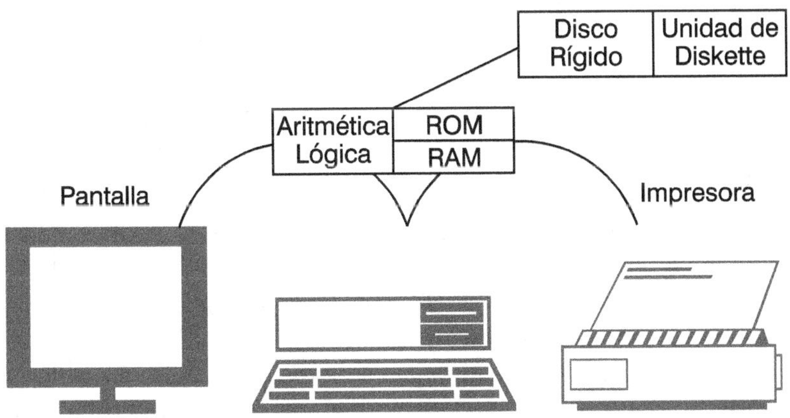

Consta de una unidad central que se llama *CPU*, unidad central de proceso que se divide en dos secciones —van a encontrar reminiscencias que dicen hasta qué punto sigue vigente la genialidad de Freud—: el área de memoria y la unidad de aritmética y lógica donde se establecen las operaciones de cada programa.

La memoria se divide en dos sectores, uno se llama *ROM* y el otro se llama *RAM*. *ROM* quiere decir *Read Only Memory*, solamente

---

11. Jean Claude Milner, *Introduction a une science du langage*, Éditions du Seuil, Paris, 1989, p. 139. "En effect, il ságit ici de combiner une série de conjectures diversifiées en une sorte de mise en scène cohérente et totale [...] un telle mise en scène détaillée elle est un dispositif...".

memoria de lectura, no se puede modificar; lleva un programa incorporado cuyo nombre es *BIOS* que quiere decir *Basis Input-Output System*, Sistema básico de entradas y salidas. Inmodificable, es el programa básico con el cual la computadora se prende y permite que se acoplen los programas siguientes. Una de cuyas series suele llamarse *DOS*; el uno, como dice la cábala, está perdido, ahí no se puede operar.

RAM es la inicial de *Random Access Memory*, acceso aleatorio a la memoria, es el acceso circunstancial cuando ustedes están operando. Anticipando la equivalencia podría homologarse a nuestro preconsciente.

La unidad central, eje de la computadora se relaciona con el monitor, una pantalla; también un teclado por el cual se puede introducir y/o acceder a la información de varias maneras. El mismo efecto en la pantalla se puede obtener por ingresos diferentes, por el mouse, por tecla o por combinaciones de teclas diferentes.

Existe también una unidad de diskette donde se pueden incorporar los programas sucesivos. El disco rígido es un programa que queda dentro de la computadora, cuya información también se puede borrar. El modelo se completa con una impresora que pasa la información a la hoja de papel.

¿Por qué les propongo pensar la estructura con este modelo? Una pregunta me interroga supongo que también a ustedes que trabajan con pacientes psicóticos; ¿por qué es sostenible que la psicosis —hablo de las que fallan la estructura desde la identificación primera— son inmodificables estructuralmente?

¿Por qué es diferente el pronóstico, si es tomado a tiempo, en un melancólico o un maníaco? ¿Y aún tan diferente la evolución clínica en el caso de una locura histérica?

Hay programas que nos habitan, que fueron incorporados por una operación de identificación a lo real, a lo simbólico y a lo imaginario del Otro real. Hay un primer programa que se inscribe precozmente; nuestra clínica, que nos enseña que la psicosis se define en los inicios, nos incita a situarlo en el primero o los dos primeros años de vida. No se inscribe en un solo gesto, en una sola maniobra, podemos suponer la repetición del bit, el paquete de información. Programa primero inmodificable, representado por el *ROM*, su eficacia alcanza a los programas posteriores que también reclaman que ciertas operaciones se cumplan o una clínica dirá de su fracaso.

Françoise Dolto decía que si bien la castración primera inscribe el Nombre del padre, luego debe cumplirse para cada una de las especies del objeto pulsional.

Ubico en el disco rígido el programa inadecuado en los cuadros que llamamos melancolía o manía; ahí podemos operar aunque no sea simple. Podemos llegar a intervenir por la inmixión de otro programa, tal vez con suerte, modificarlo, y que permita la articulación con otro.

La pantalla nos recuerda el efecto de la conciencia. Sitúo la pantalla como la ubicaba Freud, en el extremo de una cadena que ponía en el medio el inconsciente, y en el otro extremo, la percepción.

Como el ser humano, según decía Aristóteles, tiene opción autogestante, la pantalla también aporta información; hay ciertos robots que cumplen esta condición.

Es fácil advertir que lo que llega a la pantalla está determinado por una estructura que es mediadora de lo que ingresa al sistema; hay una ruptura con una larga tradición filosófica que sostiene el encuentro inmediato de la conciencia con el objeto. Si hay algo que está absolutamente alejado del objeto es esta conciencia; sólo refleja lo que el *CPU* le hace llegar del encuentro con el objeto, mediado por el programa.

La impresora escribe aquello que el aparato le permite crear en lo real; cada uno hace letra en la vida, según los programas que lo habitan.

¿Cuál es el límite de este modelo? Nosotros no estamos hechos de la sustancia con que está hecha una computadora. En los términos del "Proyecto de una psicología para neurólogos"[12], estamos constituidos por una sustancia que se mueve según placer y dolor. Placer y dolor de la sustancia viva, que Freud relacionaba con las reacciones de irritación en las neuronas, en el encuentro del cuerpo con la palabra, variantes del abanico del goce.

---

12. Sigmund Freud, "Apéndice I. Proyecto de una psicología para neurólogos", en: *Obras Completas, volumen XXI. Los orígenes del psicoanálisis.* (1985). Santiago Rueda editor, Buenos Aires, 1956.

PREGUNTA: Hablaste de enunciación programática, ¿tiene que ver con el programa?[13]

ISIDORO VEGH: Enunciación programática, juega con la idea del modelo del ordenador y los programas y perfila un programa, adónde apunta el proyecto. Si acepto la tesis de que el fracaso del *ROM* es fundante de las grandes psicosis, va a ser inoperante o riesgoso el efecto de programas válidos en la neurosis.

Una ética que sostenemos nos invita a intervenir en acuerdo con los efectos que derivan del mismo programa errado. Allí el analista y la estructura del equipo pasan a ser, según una terminología del campo de la ordenación, un programa, desplegado en lo real. Intentamos ofrecer en lo real el lugar donde el sujeto pueda instituirse en una marca que lo represente. Este programa es una propuesta de intervención.

Si aceptamos que de lo que sufre el psicótico es de la ausencia de esto que escribimos con la letra $\not{A}$ (es el Otro bajo la barra de la represión)[14], cada vez que encuentre que pudo crear su objeto le enviará un informe: "soy tu creación". Pedazo de real que envuelve una variante del objeto, descompleta al Otro, en lo real.

Es mi lectura de Joyce: hizo durar lo más que pudo la escritura de *Finnegans Wake*, desmantelamiento creador de la lengua inglesa. Sabía que cuando terminara tendría que inventar un sustituto para sostenerse en la vida.

En la paranoia es típica la desarticulación de algún lenguaje para descompletar en lo real el campo cerrado del Otro. Joyce es paradigmático, descompone, tritura la lengua que lo habita. Su mujer decía que durante el día, en los años de creación, era insoportable, que el único momento en que reía era durante la noche mientras escribía.

PREGUNTA: ¿Cómo se podría pensar la teoría pulsional en este modelo? Pulsión de vida, pulsión de muerte, transferencia negativa.[15]

---

13. Pregunta realizada por un participante de las Jornada en la que se presentó este trabajo. Le sigue la respuesta ofrecida por el autor.

14. Jacques Lacan, *Seminario Las Psicosis, libro III*, Éditions du Seuil, Paris, 1981, p. 219: "l'Autre, avec un grand A, je vous ai dit qu'il était exclu, en tant que porteur de signifiant".

15. Pregunta realizada por un participante de las Jornada en la que se presentó este trabajo. Le sigue la respuesta ofrecida por el autor.

ISIDORO VEGH: El *ROM* continuamente envía información de la estructura a la pantalla. La computadora que tiene millones de microprocesadores, chips, continuamente testea el sistema; cuando hablo de lo pulsional, estoy nombrando, como Freud, algo que llega del propio cuerpo, del que uno no puede huir.

Hay información que continuamente se procesa que llega desde nuestro cuerpo, que en la computadora se llama *Hardware*.

Distinción que el modelo nos otorga; no se igualan las alteraciones del *Hardware* a las dificultades o trastornos del *Software*[16].

Su distinción y sus relaciones tal vez sirvan para salir de discusiones dogmáticas y erróneas. Trastornos del *Software* que pueden coartarse con intervenciones en el *Hardware*, no arreglan sin embargo la falta de un programa eficaz: el empleo de psicodrogas en depresiones graves no resuelve las consecuencias de duelos no elaborados; trastornos del *Hardware* que pueden ser secundarios a fracasos inducidos por programas inadecuados, pueden no ser ya remediables tan sólo por intervenir en el Software; intervenciones transitorias en el Hardware pueden facilitar el acceso a la implementación de nuevos programas que amplíen los recursos del sujeto, etc.

El modelo nos permite delimitar mejor la pertinencia de nuestro campo y los límites en los que no opera.

---

16. El *Hardware* nombra la estructura física del ordenador. El *Software* los programas equivalentes, en nuestra terminología a la eficacia del lenguaje y la palabra, al juego significante.

El campo de las Psicosis

Isidoro Vegh

"Celui qui m'interroge sait aussi me lire."[1]

Jacques Lacan

Desde su inicio hasta el final, la enseñanza de Lacan que su obra pone en acto en sus escritos, en el seminario, en su práctica en la mostración de pacientes, señala su preocupación por la psicosis. Su recomendación de no retroceder ante ella indica que no es reductible a una inquietud singular. ¿Cuál es, entonces, su razón?

Tal vez la psicosis ofrece una *vía princeps* para atender la pregunta por la estructura del sujeto, qué lo instituye, cuáles son sus coordenadas.

No es casual que "D'une question préliminaire à tout traitement possible de la psychose"[2] presente la formalización de la metáfora paterna, el seminario sobre Joyce el cuarto nudo para una estructura hasta entonces de tres registros.

Proponemos el campo de las psicosis: un campo cuyos hitos unifican su problemática, y en el cual el plural "las psicosis" se adopta para indicar que una variedad distinguible en la clínica demanda por su lógica diferente.

---

1. Jacques Lacan, *Televisión*, Éditions du Seuil, Paris, 1973. "El que me interroga sabe también leerme". Traducción del autor.
2. Jacques Lacan, "D'une question préliminaire à tout traitement possible de la psychose", en: *Écrits*, Éditions du Seuil, Paris, 1966, pp. 531-584.

Clásicamente la psicosis se aborda en términos de operación o en su referencia a la identificación.

En la obra de Lacan, la metáfora paterna inaugura el primer camino. La identificación a lo Real del Otro Real, equivalente a la *Einverleibung*, incorporación paterna freudiana, el segundo. Pero con una novedad: esta identificación, junto a las otras dos mencionadas en la serie freudiana de la *Massenpsychologie und Ich-Analyse*[3] proponen una lógica que es entonces también, en su distinción de tiempos, una operatoria.

Desde este horizonte intentaré esbozar una nosografía de las psicosis.

Ella expone, una vez más, una estrategia lacaniana: para cada instancia de la estructura, la referencia al Otro lo sitúa en posición fundante.

Su consecuencia: cómo determina al sujeto y qué variante es para éste posible.

Así las tres identificaciones freudianas:
- al padre,
- al trazo,
- e histérica;

son presentadas como identificación:
- a lo Real del Otro Real,
- a lo Simbólico del Otro Real,
- a lo Imaginario del Otro Real.

Con la topología del toro, de dos toros entrelazados y su reversión, por corte o por agujereamiento, Lacan muestra esta dialéctica del Otro y el Sujeto; a ella acudimos[4] para intentar, pues, esta nosografía que vengo anticipando; no tendré objeción en sustituirla por otra mejor, ninguna devoción me retiene a ella, podría contarles a cuántos titubeos me llevó, también las pruebas a que la sometí: contradecirla, interrogarla, variarla en su extensión y en su orden.

Voy a utilizar la reversión que presentifica la identificación a lo Real, a lo Simbólico, y a lo Imaginario; los signos "+" o "−" van a depender de

---

3. Sigmund Freud, "Massenpsychologie und Ich-Analyse (1921)", en: *Studienausgabe, Band IX*, Fischer Taschenbuch Verlag, Frankfurt am Main, 1982, p. 61.

4. Ver esquemas adjuntos.

que la operación se cumpla o no. La operación es, en términos topológicos, de reversión; en conceptos psicoanalíticos, de identificación.

No creo que la psicosis sea reductible a una; hay diferencia entre las psicosis que hacen necesarias, por lo menos, dos operaciones; con una no alcanza para dar razón de las distintas estructuras.

Identificación a lo real del Otro, a lo simbólico del Otro, a lo imaginario del Otro, equivalente a identificación primaria, identificación al rasgo, e identificación histérica, planteadas como tres tiempos lógicos instituyentes del sujeto; hay una estructura en la cual esta identificación a lo real del Otro real no se cumple, tampoco la identificación simbólica. Ante el Otro real, el sujeto queda como objeto; en lo simbólico esta ausencia de reversión deja muy pocas posibilidades al sujeto para no quedar totalmente a merced del sentido del Otro. Para levantar la palabra cristalizada del Otro puede hacer neologismos, quebrar la sintaxis con disgresiones, anacolutos, e hipérbaton. En el registro imaginario tampoco se cumple la unificación, los efectos de desrealización y despersonalización presentifican el despedazamiento. Esta estructura es la esquizofrenia.

En otra estructura —también psicótica, efecto de este primer tiempo que no se cumple, ni el segundo—, desde el Otro real el sujeto es ubicado en una conjunción que lo reclama como objeto e ideal. Establece, en el tiempo de la restitución imaginaria —no en el tiempo de la institución imaginaria que fracasa igual que en el cuadro anterior—, una amalgama que acentúa su consistencia real, inamovible, como personalidad. Cristaliza en el personaje que lo presenta en el mundo. Es la paranoia, donde personalidad y psicosis se equiparan.

Otra estructura psicótica tampoco cumple la reversión primera, ni la segunda, pero al sujeto no lo fija como deshecho ni en la conjunción de objeto e ideal. Falta también el trazo de la reversión simbólica, lo cual resulta en una estructura que en la bibliografía suele llamarse "personalidad como si", "personalidad simbiótica", en algunos casos "borderline", y que nosotros hemos re-ubicado como parafrenia[5]. La misma frase dice Lacan de Madame B[6], "es un vestido

5. Carlos Pereyra, *Parafrenias*, Salerno, Buenos Aires, 1943.

6. Erik Porge, "La présentation de malades", en: *Littoral: Action du public dans la psychanalyse*, Nº 17, Édition Érès, Paris, septembre de 1985, pp. 25-49.

que no tiene cuerpo para poner adentro", que de Lol V. Stein[7], es un vestido que cuando se quita no cubre la desnudez de ningún cuerpo. Es este matema i(a) cuando el "a" falta. La parafrenia puede tener un valor restitutivo para la dispersión esquizofrénica, pero aún ahí es un sujeto que anda a la deriva, acá o allá, sin lugar donde el goce ancle. La parafrenia apunta a veces a una restitución, la que espontáneamente y de un modo sintomático Lol V.Stein intenta a través de Tatiana: construye el fantasma en lo real[8].

La parafrenia, en progreso comparada con la esquizofrenia en tanto reúne la digresión imaginaria en una lámina continua, discurre sin sentido, es atopía sin amarre; en Lol V. Stein se aprecia en paradigma: pone una casa impecable, como vidriera de mueblería, no es de ella, no ofrece su estilo. Estilo que, cuando se alcanza[9], expone las marcas que restan del objeto, producto del goce perdido.

Tan impecable como una maniquí, es la presencia de una muñeca sin vida, que cumple un parámetro que el Otro, la vidriera de la moda, le exige. El problema: ¿cómo logra, en lo real, un lugar donde algún objeto la reclame por un deseo y un goce?; en el fantasma no lo puede construir. Algo nos habita y decide que nuestro deseo nos detenga en un lugar. El parafrénico no puede esperar esa eficacia de su fantasma, precisa producirlo en lo real.

Hay una estructura en la cual se cumple la reversión del primer tiempo, también la identificación simbólica pero en la identificación imaginaria la operatoria falla: locura histérica, variante de la locura neurótica. Esta ruptura, esta falla en la operatoria de la identificación imaginaria produce un efecto de regresión, que propongo como "regresión forcluyente": lleva al sujeto a que, por un tiempo, en el campo del Otro —presentado como una red—, sólo pueda transitar una zona en la cual el objeto "a" no cae, no llega a producirse como objeto-falta, causa del deseo.

La regresión forcluyente es una manera en que propongo ciertas consecuencias que aparecen en algunos casos de locura histérica

---

7. Jacques Lacan, "Homenaje a Marguerite Duras, del rapto de Lol V. Stein", en: *Intervenciones y textos*, Nº 2, Manantial, Buenos Aires, 1988, pp. 63-72.

8. Marguerite Duras, *op. cit.*

9. El psicótico no logra hacer de un destino un estilo.

cuando no se reducen a una fragmentación imaginaria y se acompañan de alucinaciones visuales, algunas veces auditivas, presencia del objeto que retorna desde lo real. El aforismo lacaniano dice: "Retorna desde lo real lo que se expulsa de lo simbólico"; en lo imaginario sitúa al sujeto, en un lugar de la red donde el objeto no estaba caído[10].

F. Doltó decía que por un lado se encuentra la castración fundante, que se juega desde la primera reversión, y por otro, las castraciones que deben cumplirse, pasarse, para cada una de las especies de objeto. Cabe agregar, por lo menos dos veces —lo que lógicamente alcanza a tres: caído el "a" en la reunión de lo Simbólico y lo Imaginario, también se instaura en falta en lo Real, hace del agujero real una falta

Teniendo en cuenta lo que la bibliografía nos ofrece y alguna experiencia en este campo, hay una estructura que también voy a llamar psicótica, en la que se cumple el tiempo primero de identificación a lo real del Otro real, pero no la identificación simbólica para una parte de la red que bordea una especie del objeto "a". Su eficacia cristaliza en dos estructuras, una que eclosiona en una ruptura imaginaria[11], la melancolía, y otra donde este desencadenamiento se anuncia por una hiper-producción imaginaria, de elación narcisista, la manía, caracterizada por la ausencia del objeto que haga anclaje a la deriva de la palabra.

Esta clasificación acepta las diferentes evoluciones clínicas de lo que habitualmente se llama melancolía y manía, que en general, salvo casos extremos como algún Cotard que termina caquéctico, tienen una remisión que se describe como espontánea de seis, siete meses; ahora menos con los psicofármacos. ¿Por qué esta remisión espontánea?: el sujeto ($\cancel{S}$) va recorriendo cierto lugar de la red, hasta que lo agota y pasa a otro donde restituye su posición con otras especies del objeto.

En la misma perspectiva, cumplidas las tres operaciones, es lo que llamamos el campo de las neurosis.

---

10. Caída en tercera vuelta. La misma operatoria aproxima al adolescente en su necesidad de cuestionar el "mundo" de sus padres.
11. Isidoro Vegh, "El melancólico objeto del maldecir", en: *IMAGO. Revista de psicoanálisis, psiquiatría y psicología, Nº 13: Melancolía*, Letra Viva, Buenos Aires, Octubre de 1990, pp. 79-83.

Comentarios

Me demanda por esta vía, la experiencia con psicóticos, algunos comentarios que ellos incitan: "Con tal paciente esta experiencia de jugar al doble especular produce eficacia y con el otro es un desastre", "a este le puedo proponer que haga un relato y este otro me obedece como un autómata". ¿Qué están diciendo bajo este modo aparentemente empírico?: que la psicosis no es una, que son estructuras diferentes, que el sujeto de estructura esquizofrénica probablemente va a apelar por experiencias ligadas al ritmo; en cambio, este otro, de estructura paranoica, buscará algún lenguaje con el que obtenga esta operación ausente, un lenguaje en lo real que se preste a la reversión —en lo real— que en tiempo instituyente el Otro no soportó.

Apenas alguna sugerencia de las consecuencias en la dirección de la cura, esta nosografía deja aquí abierto el campo de las eficacias posibles, pues tan sólo si el objeto se define en las coordenadas que lo instituyen, restringiendo la distribución de los recursos al objeto que aborda, cabe esperar algo más que el vano esfuerzo del remero en la arena.

Las tres identificaciones con sus esquemas:

1. Identificación primaria (EIN VERLEIBUNG)

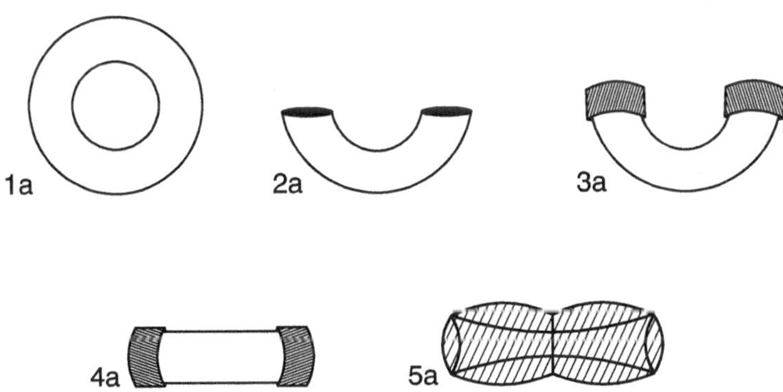

2. Identificación secundaria (al rasgo unario/einziger Zug)

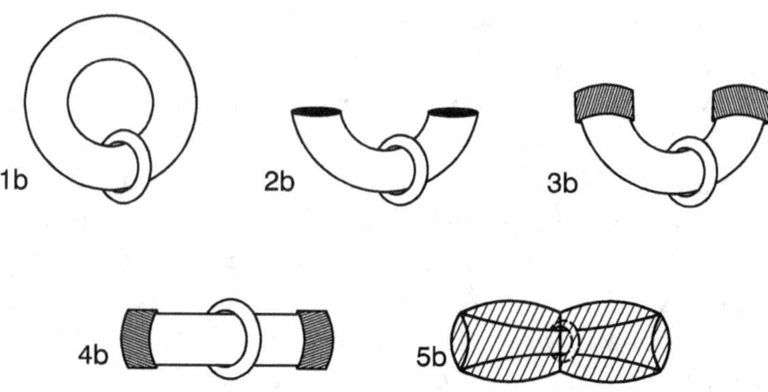

3. Identificación histérica

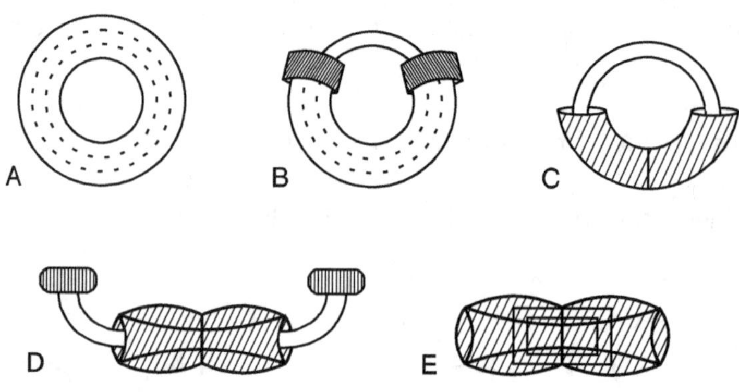

Letra, significante y sentido
en el discurso de las Psicosis*

Isidoro Vegh

Que la psicosis se escriba, se diga o se muestre son variantes del discurso.

Discurso de las psicosis, certifica, en el campo del lenguaje, en la función de la palabra, el abanico que las reúne.

1.

Así, la letra schreberiana que el texto nos legara[1] ofrece la trama del delirio en sus amarres cristalizados que centra el eje de la existencia y distribuye su goce.

Letra que presenta la posición del sujeto ante el sufrimiento que lo consumía —recuerdo del complot de Flechsig y Dios—, pliega el tiempo inaugural de la letra del Otro al sentido del sujeto.

Sentido que muestra el registro imaginario en el nuevo mundo paranoico, y en el cuerpo nuevo que lo habita: Schreber y su transexualismo, cuerpos que levitan, o viajan en el espacio, fenómenos de transparencia, etc.

---

* Texto fechado en enero de 1993.

1. Daniel Paul Schreber, *Memorias de un enfermo nervioso*, Carlos Lohlé, Buenos Aires, 1979.

Distante de aquellos relatos más o menos empobrecidos en que el mandato se lee en cada frase hasta el extremo de lo soportable para el testigo ocasional.

Decir esquizofrénico, ofrece ya no la letra de la restitución, sino la letra primera, esa que el infans dice en su gracia cuando el tiempo instituyente lo reclama en la alteridad: "nene quiere caramelo".

Pero aquí sin más reclamo que el del Otro pulsional.

Posición caduca del sujeto, en el extremo lo muestra como cosa en la catatonía que lo habita.

Extremo en que la palabra se ausenta o se insinúa en el balbuceo. Y así, cuando se articula, no enhebra su anhelo ni su mundo. Tan solo el mundo del Otro.

En otra puesta, el decir de la vida se ofrece puntilloso en lo que de él se espera —variante del "como si"— el mundo se recorre en la apariencia de lo normal. Locos normales, su discordancia se enhebra o no en delirios inconsistentes, en los que la existencia no hace anclaje. Disponibles al reclamo, su decir logra sentido, pero no un sentido del sujeto.

Así, persiste en la burocracia de un puesto monótono o una vida conyugal rutinaria —Lol V. Stein es un ejemplo[2]—, o bien alterna en una errancia, donde lo mismo es Córdoba que Rosario, ser carpintero que militar.

La letra permite el deslizamiento significante, pero no precipita el trazo del sujeto, ni el objeto que cause un estilo.

Otra serie se juega cuando el significante desplaza sin pausa en una prisa que se iguala al sentido que no logra. Ritmo de la manía, la elación narcisista no es sino la identificación al juego de la palabra; identificado al fonema, es el Verbo en una creación irreal. Juego del significante, carece de la sustracción de goce que encauce el deseo en el carril de la pulsión.

Una especie del objeto no cae y deja a la palabra sin sentido.

En el extremo opuesto, compartiendo sin embargo el enclave, en el puro dolor de la existencia, el melancólico cristaliza su lugar en el objeto opaco de la nada. Igualado a la sombra del objeto, sustantifica la nada y organiza un decir que mueve en redondo el desliz de la palabra.

---

2. Marguerite Duras, *op. cit.*

Letra que lo acorrala, lo fija en el mundo mortífero de un sentido que lo anonada.

2.

Letra, significante y sentido replican en la lengua los tres tiempos de la gestación del sujeto efecto de discurso.

Padre nominante, en lo real de la letra, en el orden simbólico del significante y en la instauración imaginaria del sentido, despliega la lógica escandida de la castración, en pérdidas de goce que abren a otros goces.

Reversiones topológicas del sujeto y el Otro:

a) Muestran que no es lo mismo que la letra del Otro hable en la voz que le concierne, a que ella se incorpore en el sujeto y desde allí comande. Tal vez decida la diferencia entre cierto autismo y la psicosis cuando ella logra un movimiento.

b) Juego del significante, precipita de las demandas del Otro el trazo sin sentido que representa al sujeto. Su ausencia cristaliza la letra del Otro o bien desliza en la calesita de la palabra o se cubre de una apariencia que suple en la imitación el trazo ausente.

c) Anillo imaginario, su quiebra es efecto o causa, según el caso, de la eficacia clínica: efecto, en los cuadros que fracasan en los tiempos precedentes; causa, en la locura histérica que reenvía a una regresión forcluyente[3].

Letra, significante y sentido permiten que el agujero principal siga siendo el de lo simbólico; no impiden sino que deciden que el verdadero agujero se juegue en otro lado: inconsistencia del Otro, su obtención adviene en la pregunta de la letra. Por eso, "quienes me interrogan también saben leerme"[4].

---

3. Isidoro Vegh, "Las psicosis", en: *Matices del psicoanálisis, op. cit.,* p. 53.
4. Jacques Lacan, *Televisión, op. cit.*

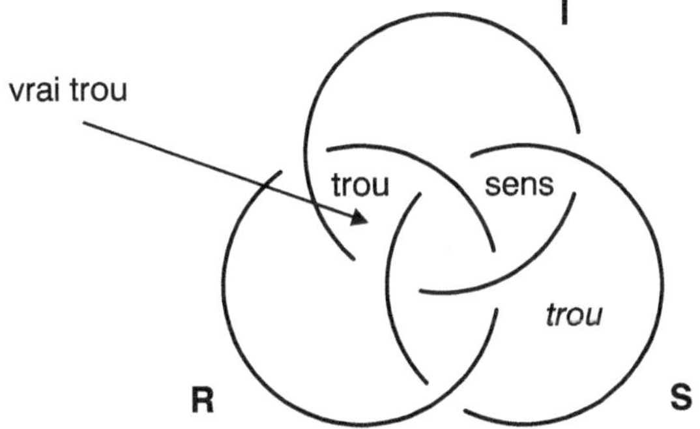

3.

Modos de la enunciación, divergen del imperativo a la interrogación: cuando ella apunta a la enfática sentencia del Otro, la deshace en el mejor caso, hasta el encuentro con lo risible. El chiste, manifestación del Inconsciente, dice al sujeto allí donde lo eclipsa la censura.

Chiste que el psicótico no encuentra en el lugar que el Otro no lo admite.

Pero que puede re-encontrar, aunque nunca lo tuvo, en lo real de la trama social si ella le ofrece su entrada: ¿no será esta la razón de tantos psicóticos que buscan y reviven en otra lengua?

Lenguas vivas, lenguas de sistemas, fascinación de la computación y las matemáticas; también dialectos del delirio que, logrados o en brotes más o menos extensos, intentan el archipiélago que ofrezca el refugio.

"El Inconsciente es un lenguaje que en medio de su decir produce su propio escrito"[5].

De eso carece el sujeto de la psicosis. El delirio, o el sinthome en el mejor de los casos, intentan suplirlo.

Cuando no lo logra, su pasión nos reclama si la hacemos pregunta: ¿por qué no ofrecer en la trama de lo social, el cruce que propicie, cause, reciba, el trazo del sujeto?

---

5. Jacques Lacan, *Séminaire D'un discours qui ni serait pas du semblant,* versión inédita. Texto de la Clase del 12/05/1971.

No es el altruismo el que decide la propuesta. Cuando el Otro social no admite allí donde su Ideal fracasa, desliza al horror de su rechazo: los fascismos del siglo, las intolerancias raciales o chauvinistas son su muestra.

Que el Otro de lo social reciba el efecto de sus tropiezos no dará sino ganancias en el balance del malestar.

Hará entonces, de la letra, el lugar del juego significante que acepta una sustracción de goce; tal vez la vigencia de un mundo en el acto en que se re-crea.

4.

Tripartición del nudo: entre lo real de la letra, lo imaginario del signo y lo simbólico significante recubren espacios que ofrecen un amplio número de variantes a la cura:

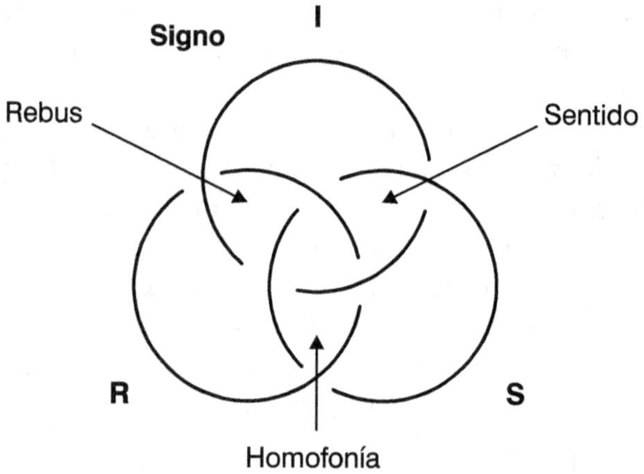

Entre lo imaginario y lo simbólico, el sentido o el efecto de sentido según la dominancia de uno u otro, propician la sublimación que introduce en la novedad del objeto creado el sin-sentido que descristaliza. En las psicosis extremas, en cambio, la apelación al otro imaginario, o a una trama social que consagre el producto, permite la textura continua de la lámina ausente, el sentido necesario del lazo social.

Entre lo simbólico y lo real, la homofonía es la repetición significante que invita a la interpretación.

No es la preferente en el decir de la psicosis que ausenta de inicio el agujero simbólico.

La consistencia de la palabra ofrece en la psicosis, entre real e imaginario, el rebus, otra forma de nombrar cuando las palabras se toman por cosas y las cosas por palabras.

Que esto también suceda en la neurosis vale en la dimensión del *mi-dire* de la verdad: así también habla el sujeto del inconsciente.

En la psicosis, en cambio, se ofrece a cielo abierto, defendido en la afirmación del sujeto: "esto es el paraíso, pensé cuando estuve en paz, en pleno campo, bajo la copa de un paraíso".

Paraíso que en metonimia con campo precipita un sentido vegetal, pierde su referencia textual para servir de pie en la letra que lo escribe al reino celestial de la paz anhelada.

La diferencia con el discurso de la neurosis: que el sujeto se cubre bajo la letra, el paraíso del campo le ofrece la serena vivencia del reino de Dios.

Paraíso-cosa se hace letra: sólo vale porque escribe paraíso que reenvía a otro espacio, otro mundo.

No se trata de interpretarlo, más bien de desciframiento para seguir las huellas que el sujeto nos brinda.

Quizás así perfilemos el surco del que pueda hacer su camino.

Estructura y Transferencia
en el campo de la Psicosis*

Isidoro Vegh

Intentaré en esta Jornada enhebrar ante ustedes lo que reparto en tres tiempos: qué podemos concluir hoy; las tesis que queremos proponerles; las preguntas cuyas respuestas aguardamos para el tiempo que sigue.

Citemos primero a quien está en el eje de nuestras cuestiones, el psicótico, de quien decimos que, aunque ausente a la palabra, no está menos inmerso en el lenguaje. Esto decide su estructura que aceptamos compartiendo con otras dos el conjunto al cual nos consagramos: la neurosis y la perversión.

Inmerso en el lenguaje, el aforismo de inicio que Lacan nos propusiera, "el Inconsciente está estructurado como un lenguaje", indica lo esencial de su propuesta en la referencia a un conjunto de elementos discretos —Lacan dirá los significantes, Freud los *Vorstellungsrepräsentanz*— que se componen en paradigma y en sintagma para determinar el efecto sujeto.

Lenguaje que llega desde el Otro, se nombra lengua materna, arriba al sujeto como un conjunto de casilleros de los cuales al menos uno queda vacío. No es más que un modo de presentar lo que la lógica moderna descubre a partir de las paradojas de Russell como

___

* Presentado en las Jornadas del Hospital Belgrano, el 14 de diciembre de 1991, Buenos Aires.

la imposibilidad del conjunto universal, del conjunto que contenga todos los elementos.

Que haya al menos un casillero vacío, como en ese juego infantil del *shenku*, permite que todos los casilleros puedan alternativamente quedar vacíos, que haya juego. Es así como escribimos la estructura mínima de la neurosis, que la decide como "menos uno".

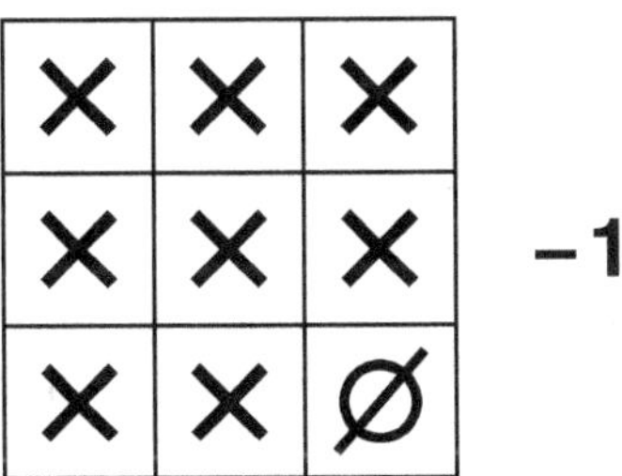

Una estructura semejante sucede en la perversión, con una diferencia: esa ausencia que marca "el menos uno" puede ser renegada en lo Real, función del objeto fetiche que presentifica en lo Real lo que Freud nombraba como el "falo ausente de la madre".

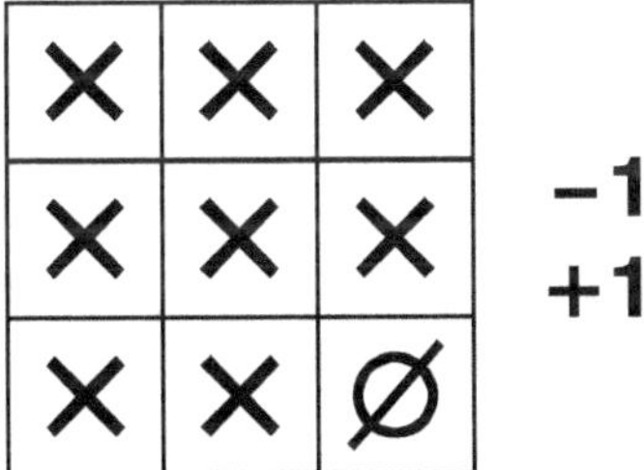

La psicosis, estructura que hoy nos interesa, presenta ese conjunto con el casillero vacío también ocupado, al precio de una estratagema: el significante que por estructura inexorablemente está ausente, el Otro lo ocupa con el sujeto puesto allí como objeto a merced de su goce. Esta estructura la describimos como "más uno".

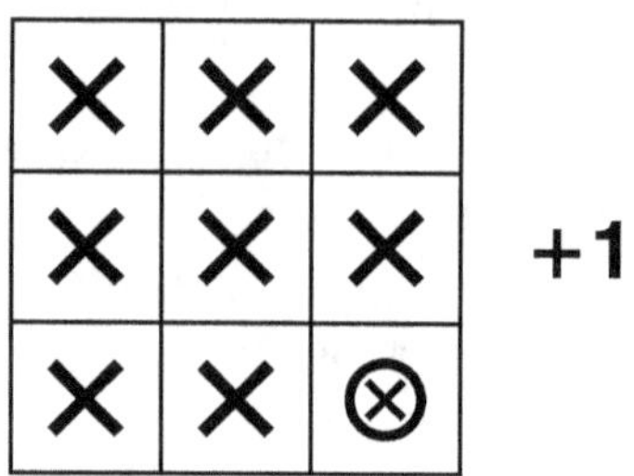

En los últimos años, Lacan redefine no sólo esto que podría ser presentado como un modo mínimo de ofrecer el orden simbólico, también su elaboración de lo imaginario. Haciendo una flexión de los trabajos de los últimos años sobre su propuesta primera en el "Estadío del Espejo", retomamos la tesis freudiana que Lacan no dejó de subrayar, la cual afirma que el Yo es la proyección de una superficie en otra superficie.

El Yo, tal como lo representamos, es la imagen que tenemos de nuestra estructura corporal, tal como ella se ofrece a la mirada del Otro; apenas si aprehendemos lo que somos desde el exterior de nuestra piel. Es raro, salvo en ciertos sueños de angustia con sensación de siniestro, que alguien se represente a sí mismo desde el interior de su cuerpo, como una res colgada en la carnicería.

Esa superficie exterior de nuestro cuerpo puede topológicamente representarse en su conjunto como una esfera.

Si hacemos la proyección de una esfera sobre una superficie o una recta, cada punto de la esfera puede ser proyectado salvo un punto al cual corresponderá una recta paralela a la superficie o a la recta.

Ese punto, que reenvía a un punto al infinito, nos servirá para representar el objeto "a", no especularizable; la superficie en la cual proyectamos la esfera, es el espejo como campo del Otro.

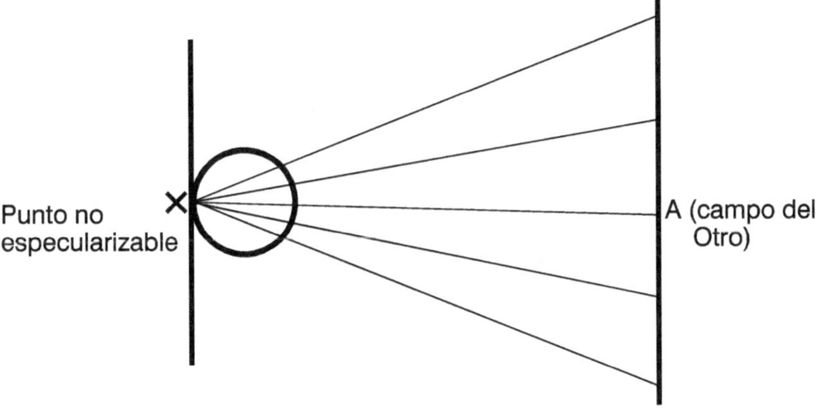

El sujeto encuentra su imagen en el campo del Otro, con la condición de dejar un resto, una cuota de goce fuera del campo del Otro. Este resto permite que el Yo se anude con el registro Real y el orden Simbólico; implica que una cuota de goce pueda substraerse al Ideal que el Otro propone al sujeto.

Diferencia entre el Yo-ideal, tal como el Otro lo propone y el Ideal del Yo; esa diferencia la representa esa cuota de goce del objeto que no entra en el campo del Otro.

Es desde estas consideraciones instituyentes que habíamos llegado a una nosografía de las psicosis[1] que intentaba una lógica de su distribución:

1) Una estructura en la cual esa cubierta imaginaria que llamamos "Yo" no se constituye; tan sólo un carozo bajo el modo de un desecho, objeto Real, carozo sin cubierta: es la esquizofrenia.

2) En cambio este mismo carozo logra la restitución de una cubierta imaginaria que se distingue por su fijeza prácticamente inamovible, con la que el sujeto se presenta en el mundo: su personalidad. A tal punto que llegamos a decir que personalidad y paranoia, pues esta es la estructura, coinciden.

---

1. Isidoro Vegh, "Las psicosis", en: *Matices del psiconálisis, op. cit.*, p. 53.

3)	Una tercera estructura en la cual, si bien hay una restitución imaginaria, en la medida que ella no se produce por una referencia a un ideal del Otro, queda con la labilidad propia de una cubierta sin carozo. No logra constituir el objeto que permite el anclaje de la imagen en el fantasma: es la parafrenia.

Habíamos mencionado otras dos estructuras psicóticas, con diferente afectación, pronóstico y evolución: la melancolía, en la cual lo esencial era "la falta del Otro al que hago falta", dejando al sujeto identificado a la "sombra del objeto" caído del campo del Otro; si, en cambio, se identifica al Otro al que nada falta, es el tiempo de la manía. Su alternancia puede servirnos para dar la lógica de los cuadros mixtos.

Por último, habíamos planteado el desbarranco del campo de la neurosis, específicamente la locura histérica, donde destacábamos una forclusión producto de un movimiento regresivo y que nombramos "regresión forcluyente".

A esta nosografía llegamos en nuestro recorrido anterior. Desde ella, y con la experiencia que nos siguió interrogando, queremos presentar las tesis que hoy nos ocupan.

Transferencia en las psicosis

Si recordamos los tableros de inicio con su casillero vacío, vacío pero renegado, o bien lleno, según se escriba la neurosis, la perversión o la psicosis, cada casillero implica un paquete de información, un significante, un *Vorstellungsrepräsentanz*, según la teoría que utilicemos. Es la ausencia de una cuota de saber la que inicia la búsqueda del significante ausente; determina al neurótico por la demanda de ese saber que supone razón del sufrimiento que lo aqueja.

El psicótico acude a nosotros de otro modo, no por una demanda de saber del delirio o la alucinación que porta; viene a nosotros por una afectación que siente en lo real de su cuerpo, una angustia que no cede, o para compartir con nosotros, en la medida que su confianza lo permite, la convicción de un saber que su delirio le confirma y del cual se siente mensajero.

El analista no llegará, como sucede en la neurosis, a constituir en un tiempo siguiente ese lugar que la suspensión del saber precipita: que Sócrates no ofrezca ese saber que Alcibíades reclama para coronar la serie de las medallas que adornan su frente hace que avance en el amor de transferencia, más allá del reclamo de saber, a la búsqueda de ese objeto que supone la fuente de la felicidad[2].

Esto en la psicosis no habrá de darse: el analista no sostiene ni le es atribuido el lugar del Sujeto supuesto Saber, ni el sostén de esa agalma que guarda el don de los dioses.

La pregunta retorna: ¿qué es esto de hablar de transferencia en la psicosis?

Hace poco, un analista discípulo de Lacan a quien apreciamos desde hace años, Moustapha Safouan, nos recordaba esta frase: "que la palabra no siempre demande interpretación, no excluye que llame a una respuesta".

¿Qué respuesta es la que demanda la palabra de un psicótico? ¿A quién la dirige? ¿Desde dónde se formula?

Acudiremos en nuestra ayuda a un texto de los comienzos de la obra freudiana, "Proyecto para una psicología científica"[3]: en su inicio el niño, desde su invalidez, su prematuración, la *Hilflosigkeit*, clama en su grito por la ayuda del otro, al cual Freud no nombra como la madre, sino como el prójimo: "Nebens Mann".

Prójimo en el cual el niño reconoce, por la semejanza con su cuerpo, una parte que sitúa como propia. También otro en el cual sitúa como estructura unificada algo que le es ajeno. Esta parte que el sujeto desconoce es la que Freud nombra "La Cosa", *Das Ding*.

¿Por qué esta referencia al prójimo en un tiempo primordial, tiempo instituyente? Es un modo de recordar que hay algo en la transferencia de la psicosis que reenvía a una operación instituyente que implica aquello que del otro sostiene lo semejante.

Permítanme ahora que avance por otro desvío, en una referencia que en la historia se sitúa un tiempo antes.

---

2. Platón, "El banquete o Del Amor", en: *Obras completas*, Aguilar, Madrid, 1972, p. 563.

3. Sigmund Freud, "Los orígenes del psicoanálisis", en: *Obras completas, volumen 22*, Editor Santiago Rueda, Buenos Aires, 1956, p. 412.

Los invito al texto de Platón "Lisis" o "Tratado de la amistad"[4]. ¿Por qué esta referencia? Es que hay otra en la cual el psicótico no nos acompaña: si quisiéramos avanzar en la última tesis de Lacan en relación a la transferencia, cuando introduce que no sólo es amor, sino una conjunción de amor y odio, que en francés nombra con el neologismo *hainemoration*; cuando el sujeto de la neurosis avanza desde la atribución de un saber al Otro, hasta un tiempo en el cual el Otro puede ser descompletado por la función propiciatoria del odio —es el odio que permite leer un texto desmenuzando sus partes, interrogando sus afirmaciones, cuestionando su tesis—, advertimos que es el resorte de eficacia del que carece la cura en la psicosis.

Vamos, pues, con Sócrates, al encuentro de sus jóvenes oyentes, entre ellos, Lisis, a quienes avanza esta pregunta: "¿qué es la amistad?"; nosotros podríamos añadir: "¿en qué se diferencia del amor?".

Sócrates comienza preguntando si la amistad no será causada por el hecho de que lo semejante busca lo semejante. Los jóvenes oyentes consienten que sería imposible si no hubiera algo que compartieran entre ellos Sin embargo, Sócrates se ve obligado a dejar esta tesis cuando recuerda lo que está en la base de su posición: el sujeto no busca sino aquello que le falta, la falta instituye el deseo.

Sócrates pregunta: ¿qué es eso que se busca en la amistad? No habrá de ser un objeto de conveniencia, ya que la ética que sostiene excluye razones de conveniencia que sostengan el amor o la amistad.

Sin embargo, algún objeto habrá de estar en juego, que brinde la satisfacción que sustenta la razón de la amistad.

Su texto da vueltas, gira en redondo: si no es lo semejante, ¿será lo contrario?; pero es imposible que alguien, desde la bondad, busque la amistad con lo malo; en definitiva, reconoce la insuficiencia de su elucubración, se da transitoriamente por vencido.

No es esa nuestra conclusión, más bien que en la conjunción de las tesis que allí se despliegan podría avanzar nuestra respuesta.

En la amistad hay algo de lo semejante, como en la transferencia, cuando el analista y el paciente psicótico participan del mismo juego, comparten las mismas reglas.

---

4. Platón, "Lisis o de la amistad", en: *Obras completas, op. cit.*, p. 311.

Si en la neurosis el analista juega a que juega hasta el tiempo en que muestra el juego en que está participando y hace presente la cuota de horror, cuando el sujeto advierte lo Real que lo habita, no es ese el modo en que opera en la psicosis: el analista juega en la escena con el psicótico, participa del juego como se participa en el juego de la amistad.

Supone un pliegue a los ideales del Otro, comparte el abanico de esos ideales, aceptando que es el psicótico el que lo guía.

Pero con Sócrates aceptamos que no es suficiente, ¿cuál es la satisfacción, la cuota de goce en juego para que el psicótico acuda, con entusiasmo a la cita?: el juego se sostiene si el analista, como en el lazo de la amistad, acepta que el psicótico encuentre el objeto de su goce más allá de su cuerpo.

A diferencia del amor, la amistad suspende el encuentro del objeto de goce en el cuerpo del Otro, para hallarlo más allá de su ser. Es así como se juega la transferencia en la psicosis.

Lo semejante: el analista comparte los ideales del psicótico, se pliega a ellos para permitir que el sujeto de la psicosis avance hasta el encuentro del objeto de su goce, más allá del cuerpo del analista.

¿Cuál es entonces la función del analista?: propiciar que ese goce que el psicótico busca más allá de su cuerpo tenga algún cauce en lo que llamamos, en metáfora consagrada, "el cuerpo social". Es en el Otro real del cuerpo social, donde el analista propicia que ese goce se conjugue con el anhelo del sujeto.

Transferencia que apunta, como en cualquier cura, a que el sujeto se sitúe en relación al Otro para avanzar en el camino de su deseo.

Pues a ello nos conduce esa misteriosa afirmación de Lacan: "en la psicosis también hay sujeto". Si, efectivamente, en la psicosis también hay sujeto, no está sujeto del mismo modo que en la neurosis. Para que pueda ser homologado el concepto de sujeto para un campo y para el otro, debemos recurrir a una definición más amplia: nombramos efecto sujeto a aquel que responde a la palabra del Otro. Que responde, vale en el doble sentido de una respuesta a la demanda del Otro, también de una respuesta que difiere, interroga, cuestiona, propone su alternativa a esa palabra.

Resumiendo, el analista, como el amigo, acude a la cita para que el juego prosiga más allá del encuentro.

Diferencia con el amor, aún con el amor de transferencia, el analista acepta que el paciente no encuentre el objeto en su cuerpo. El analista no sostiene el cuerpo del Otro en el cual Alcibíades busca la agalma. En cambio propicia que más allá de su cuerpo, en el cuerpo Real del Otro social, el psicótico haga su juego.

De aquí en más, el tercer tiempo de esta propuesta, las cuestiones a seguir; su dispersión indica que ellas no hacen sistema, son más bien las que va recogiendo nuestra cita cotidiana con lo que los psicóticos nos enseñan.

Desde Lol V. Stein, el texto clásico de Marguerite Duras[5], a partir de la lectura que de él hiciera Lacan, preguntamos: si para Lol V. Stein, Tatiana, su amiga, un semejante, permitió que anidara en ella, en sus cabellos negros, ese objeto "a" en tanto mirada del cual Lol V. Stein carecía, y permitió que a partir de ese instante ella pudiera ofrecerse a la mirada de un hombre, hacerse ver, ¿no cabría extender esa solución que el relato nos propone allí donde el parafrénico no consigue constituir su fantasma? ¿Propiciar que alguien en lo Real, un semejante, sostenga esa función del objeto de la cual carece?

¿No implicará esto la indicación adecuada de ciertas experiencias grupales, tratamientos en grupo, trabajos en taller, donde los demás integrantes, también podría ser en su comienzo quien los coordina, sostengan, y aún desde su goce, la función de ese objeto del cual el paciente carece?

Otra cuestión: si aceptamos que ciertas experiencias de ritmo, de espacio y de tiempo no son meras oscilaciones orgánicas, que ellas se instauran, como en el ejemplo clásico del *Fort-Da*, en la posibilidad de alternar una presencia y un vacío, ¿no será ese un modo primero de introducción en lo Real de una falta simbólica?

¿No serán estas variaciones de ritmo, las que hacen tan adecuadas ciertas experiencias de música y otras que siguen ese paradigma en el tratamiento de la esquizofrenia?

Otra cuestión: si en la psicosis hay una pérdida del registro de lo imaginario, ¿no podríamos pensar que ciertos cubrimientos míticos propuestos desde lo Real, podrían propiciar esa cubierta ausente en la forma de cuentos que pueden encontrarse en los relatos cotidianos

---

5. Marguerite Duras, *op. cit.*

de los diarios o las revistas, o bien en el modo de puestas en escena, experiencias de psicodrama, en la que los mismos pacientes o bien quienes coordinan el lugar podrían proponer el libreto, no para ser interpretado, sino para armar la escena?

En fin, invito a cada uno de ustedes a un ejercicio, que también me propongo desde una pregunta: ¿qué sostiene a cada uno de nosotros en la especificidad de su práctica social?, aún más, ¿qué sostiene a cada una de esas prácticas sociales en referencia a lo que, siguiendo la propuesta socrática, sólo podría prolongar su realización si obtuviera allí una cuota de satisfacción, una cuota de goce? En definitiva, ¿cuál es la forma de goce que requiere, en cada una de las múltiples prácticas sociales, a cada uno de sus agentes? Los invito a que lo averigüen. El premio: la respuesta propiciaría nuestra sensibilidad a los caminos de la creación que el psicótico precisa.

Retórica de la Psicosis*

Isidoro Vegh

1.

Esta reunión es para mí no sólo una oportunidad de encuentro, también me es necesaria por otras razones. El trabajo con el paciente psicótico, quien por su estructura tiende a ofrecerse en la singularidad que lo deja a merced no sólo del goce, sino de un saber que se convierte en goce situado en el Otro, propicia que quien se dedica a atenderlos pueda deslizarse insensiblemente hacia ese horizonte. Son conocidos los grandes psiquiatras de la historia de la psiquiatría que han terminado padeciendo un destino trágico al que su práctica no fue ajena. También es un resguardo para la cientificidad de nuestro campo intimarnos a dar testimonio de nuestra práctica y su reflexión.

Que sólo puede recrearse gracias a quienes nos acompañan en esta cita. Cuando se interroga el saber, descubre sus insuficiencias y sus límites, surgen las afirmaciones y los balbuceos, se propician los cuestionamientos y las revisiones de afirmaciones previas. Es lo mejor que puede suceder si pretendemos que este trabajo se inscriba en la dimensión adecuada.

Hoy quería conversar con ustedes a partir de mis inquietudes en un espacio que comparto con quienes desde hace años venimos realizando la presentación de pacientes psicóticos. Se articula con un

---

* Texto presentado en la reunión anual de Brizna, fue luego expuesto en París, en Espace analytique, y en la clínica Austen Riggs, en Stockbridge, Estados Unidos, 1997.

trabajo clínico y teórico. Ellos podrán reconocer, les agradezco, parte de lo que hemos trabajado juntos[1]. De igual modo agradezco a todos aquellos con quienes realizamos la tarea cotidiana de atención de los pacientes, ellos también advertirán en lo que voy a exponer, algo de lo que venimos transitando juntos.

El título que he propuesto es "Retórica de la Psicosis". Mi anhelo es componer una mínima ordenación del discurso psicótico que nos permita ser congruentes con nuestra tesis cuando decimos que alguien puede ser estructuralmente psicótico aunque no manifieste clínicamente una psicosis y que eso podría recogerse en su discurso.

Hay valiosos antecedentes de esta inquietud compartida por otros que se acercaron al campo de la psicosis. Voy a hacer apenas un mínimo recorrido, nada más que para situar una problemática complicada, por algunos hitos de esa historia.

2.

Hablar de "Retórica de la psicosis" nos recuerda que hasta ahora estamos más acostumbrados a pensar su lógica. Hay una intersección entre ambas donde esta retórica es subsidiaria en gran medida, aunque no absolutamente, de la lógica que especifica a la psicosis.

Expuesta en su mínima expresión, del psicótico decimos que, aunque ausente a la palabra, no está menos inmerso en el lenguaje. Esto decide su estructura que aceptamos compartiendo con otras dos el conjunto al cual nos consagramos: la neurosis y la perversión.

Inmerso en el lenguaje, el aforismo de inicio que Lacan nos propusiera, "el Inconsciente está estructurado como un lenguaje", indica lo esencial de su propuesta en la referencia a un conjunto de elementos discretos, que se componen en paradigma y en sintagma para determinar el efecto sujeto.

Lenguaje que llega desde el Otro, se nombra lengua materna, arriba al sujeto como un conjunto de casilleros de los cuales al menos uno queda vacío. No es más que un modo de presentar lo que la

---

1. Comenzó en un hospital del Gran Buenos Aires. Hoy continúa en la Fundación Brizna.

lógica moderna descubre a partir de las paradojas de Russell como imposibilidad del conjunto universal, del conjunto que contenga todos los elementos.

Que haya al menos un casillero vacío, como en ese juego infantil del *shenku* permite que todos los casilleros puedan alternativamente quedar vacíos, que haya juego. Es así como escribimos la estructura mínima de la neurosis, que la consagra como "menos uno", (ver el artículo "Estructura y Transferencia en el campo de la Psicosis", en este libro).

Ella decide que el sujeto pueda, con el lenguaje del Otro, encontrar su palabra.

Una estructura semejante sucede en la perversión, con una diferencia: esa ausencia que marca el "menos uno" puede ser renegada en lo Real, función del objeto fetiche que presentifica en lo Real lo que Freud nombraba como el falo ausente de la madre, (ver el artículo "Estructura y Transferencia en el campo de la Psicosis", en este libro).

La psicosis, estructura que hoy nos interesa, presenta ese conjunto con el casillero vacío también ocupado, al precio de una estratagema: el significante que por estructura inexorablemente está ausente, el Otro lo ocupa con el sujeto puesto ahí como objeto a merced de su goce. Esta estructura la describimos como "más uno". (ver el artículo "Estructura y Transferencia en el campo de la Psicosis", en este libro).

3.

En los antecedentes de una retórica de la psicosis, la psiquiatría clásica ha trabajado a partir de un concepto remarcado en los grandes textos, lo discordancial. La discordancia suele plantearse por lo menos en una tripartición: cuando el sujeto habla y dice algo cuyo sentido es incongruente, hay una discordancia semántica; puede ser también una discordancia lógica cuando articula mal causa con consecuencia, la relación entre oración principal y subordinada; o bien una discordancia afectiva, que ofrece un enunciado que a la escucha de cualquiera puede ser atroz, mientras lo dice en un tono neutro, o indiferente.

Ciertamente no es el mismo discurso el que se puede dar en una esquizofrenia o en una paranoia, además no es el mismo de una paranoia en eflorescencia clínica que en un tiempo apaciguado; o en una parafrenia. Pero hoy no desplegaré esa discriminación, aunque ciertamente la merece.

En las psicosis que afectan la estructura primaria, esquizofrenia, paranoia y parafrenia, la psiquiatría clásica descubre fenómenos de perseveración, de estancamiento, de rumiación, de denominación automática, de asociaciones que distancian al sentido en la disgregación ramificada en contaminaciones, derivaciones o sustituciones.

Se podría diferenciar —lo hacemos atentos a esa dimensión que llamamos el lazo social— variantes en la relación con el otro al que se dirige el discurso: uno de los grandes signos de que estamos ante un cuadro de psicosis son las interceptaciones; también las respuestas paralógicas —vuelven a juntarse retórica y lógica— o una forma extrema, el mutismo.

Hay distintas escuelas dentro de lo que se llama la psiquiatría clásica, no es lo mismo la escuela alemana que la escuela francesa, además hay autores de distintos tiempos que han hecho múltiples aportes clasificatorios. Elegí de Henri Ey, con su válido eclecticismo en este caso, algunos grandes hitos reconocidos.

La cuestión que me planteo es si podemos hacer una clasificación más acorde con nuestras categorías, las del psicoanálisis, que desde Freud y la lectura que Lacan hace de su obra y sus propios desarrollos se plantea como un nuevo horizonte para el trabajo con pacientes psicóticos.

En Lacan hay también un intento de una clasificación: en su texto clásico "D'une question préliminaire à tout traitement possible de la psychose"[2], en su revisión del caso Schreber[3], plantea una distinción más cercana a nuestro campo. Si partimos de un sujeto inmerso en el campo del lenguaje para la función de la palabra, la retórica de la psicosis diferencia dos tipos de fenómenos: fenómenos de código y fenómenos de mensaje. Alude a la distinción de un gran

---

2. Jacques Lacan, "D'une question préliminaire à tout traitement possible de la psychose", en: *Écrits*, Éditions du Seuil, Paris, 1966, p. 531.
3. Daniel Paul Schreber, *op. cit.*

lingüista amigo suyo, Roman Jakobson[4-5]. Los fenómenos de código son mensajes que reenvían exclusivamente al código. Si alguien se llama Pedro, no hay ninguna "pedridad" en la palabra Pedro. Pedro es un nombre que reenvía a un código donde Pedro se diferencia de José o de Gonzalo. Mensaje que reenvía al código, el nombre propio es un ejemplo. En las *Memorias* de Schreber, hay palabras —se llaman también "mensajes autónimos"— que no indican un objeto, sino su lugar en el código. Por ejemplo, Schreber dice que recibe de las voces una palabra, *Grundsprache*, que quiere decir "lengua fundamental", una lengua que reenvía al alemán antiguo. Lo mismo cuando las voces definen qué son los *Nervenanhang*, "anexión de nervios", o cuando define qué son los *Gottesstrahlen*, "los rayos divinos". Las voces dicen la palabra y su definición.

Por otro lado aparecen fenómenos de mensaje que en la psicosis de Schreber tienen su singularidad: son mensajes que se interrumpen justo allí donde tendría que seguir la parte lexical de la frase; en el mensaje sólo están las marcas que llegan desde el código y que indican al usuario de la palabra. Son los deícticos o *shifters*. Por ejemplo: "En cuanto a usted, entonces...". Sólo habla de los sujetos de la enunciación, luego se interrumpe la frase, Schreber dice que él sabe lo que sigue, se le impone como significación inexorable: "En cuanto a usted, entonces, sólo podríamos decir que es un gran idiota", generalmente son injurias.

Estuvimos recorriendo con quienes compartimos el espacio de la presentación un texto de otro discípulo de Lacan, un psicoanalista con gran experiencia en el campo de la psicosis Marcel Czermak[6]. En el relato de uno de sus casos distingue una tripartición.

a) **bruyances, ruidancias** que son ruidos de artefactos, por ejemplo de un calentador, de máquinas. A esas ruidancias las llama "significaciones sin significantes";

---

4. Jacques Lacan, "D'une question prèliminaire à tout traitement possible de la psychose", *op. cit.*, pp. 536-539.

5. Jakobson Roman, *Essais de Linguistique Générale*, Les Ëditions de Minuit, Paris, 1963, p.176.

6. Marcel Czermak, *Estudios Psicoanaliticos de las Psicosis. Pasiones del objeto*, Nueva Visión, Buenos Aires, 1987, pp. 260-261.

b) **hay voix, voces,** como la paciente las llama, que no parecen distintas a los fenómenos precedentes, que tienen la característica de ser significantes sin significación;

c) una categoría intermedia que la paciente llama **scintillances** —en castellano se traduce como **centellancias**—, que son informaciones de las que se dice que son sin voz, dichos sin voz. La clasificación opone significaciones sin significantes a significantes sin significación, y significaciones sin voz.

4.

Voy a proponerles otra distinción que a mí me resulta más práctica, no digo que sea mejor, es aquella que hoy puedo encontrar más útil, que ensaya una respuesta a la retórica de la psicosis.

Propongo en la retórica de la psicosis, una distinción entre los tropiezos del enunciado y los tropiezos de la enunciación.

Tropiezos del enunciado, primero los nombro para que destaque la ordenación planteada, afectan el enunciado en general, en todo lo que el sujeto dice, o en grandes párrafos de lo que dice; o bien se producen centrados en las frases; o bien en las palabras o en los fonemas.

En los tropiezos del enunciado que corresponden a los grandes enunciados, a las frases que enlazan con frases, se encuentra una lógica de oposición entre la digresión extrema y el sistema. Si es el sistema, es fácil saber de qué estoy hablando, es la concentración de sentido que nos propone el delirio. Si en cambio nombro la digresión, tengo la pérdida del sentido, la multiplicación de sentidos, eso que en la psiquiatría clásica es una variante de lo discordancial.

Si avanzo a los tropiezos del enunciado en la frase, encuentro la suspensión exagerada —que no es la de Góngora, no es al servicio de un efecto de sentido—, el *anacoluto*, figura retórica donde de pronto se interrumpe la frase y se empieza otra, sin anuncio previo. O el *hipérbaton*, como trastocamiento de la sintaxis, inversión del orden del sujeto y el predicado, no al modo barroco donde juega, es hallable el efecto de sentido. O lo que yo llamaría la dislocación, sin ningún orden, que no entra como figura retórica, alteración de la sintaxis con ordenamiento arbitrario. Todas ellas apuntan a una pérdida del sentido.

En el nivel de las palabras, los trastornos del enunciado, nos ofrecen un producto —Lacan lo toma de su maestro Clérambault[7]— que tiene un valor ejemplar: el neologismo, que puede ser ubicado en sus dos variantes: una creación que la lengua no convalida, un empleo que la lengua no acostumbra.

Intenté también hacer una flexión entre esta lógica y las afirmaciones freudianas, acerca de "las palabras como cosas" o "las cosas como palabras". Un ejemplo de palabras como cosas: le contaba a un grupo de alumnos que estudia conmigo —estábamos brindando por el fin de año—, que a una paciente a la cual atiendo le cobro un peso. "El otro día me dijo: 'Yo no le puedo pagar'. '¿Cómo? usted me paga'. 'Pero no tengo plata, doctor'. 'Usted me paga un peso'. 'Ah, bueno'. Otro día vino y me dijo: 'Hoy le voy a pagar diez centavos'. Entonces le contesté: 'De ninguna manera, usted me paga un peso, yo trabajé'. Saca el peso, me paga, y desde la puerta sonríe con ternura y me dice: 'Ay, doctor Vegh, usted sí que me quiere curar'". Cuento todo esto para alardear de qué inteligente y bravo soy como psicoanalista que acude a la cita de la psicosis. Días después una discípula me cuenta del desastre que a ella le sucedió con el mismo chiste. Le dijo a una paciente: 'Deme un peso'; la paciente tomó un cenicero de bronce muy pesado y le dijo: 'Ahora le voy a dar un peso'".

Además de mostrar el fracaso de cualquier receta, es un ejemplo de palabras como cosas, el significante "peso" deviene signo de una cosa.

En cambio, de "cosas como palabras", me acuerdo de un paciente que en una presentación dijo que para encontrar la felicidad se quedaba bajo un árbol que se llama "Paraíso". Cosas como palabras: el árbol paraíso escribe la palabra paraíso, que enlaza con cielo, beatitud, felicidad, el buen Dios; el nombre de la cosa, el signo, deviene significante.

Por último, en el piso de esta serie de tropiezos del enunciado, en la alteración extrema —sólo se ve en casos avanzados de esquizofrenia

---

7. G. de Clérambault, *Œuvre Psychiatrique. Tome II*, Presses Universitaires de France, Paris, 1942.

que avanzan hacia el estadio demencial— se destruye la estructura fonemática. Hace poco escuchamos una paciente que hablaba un inglés muy personal, con fonemas inventados por ella; trastocamientos del nivel fonemático de la lengua, alcanza formaciones en las cuales no pensamos, se manejan igual que las estructuras sintácticas, con un funcionamiento automático que prescinde de la regulación consciente.

Pasemos ahora a la otra serie, de los tropiezos de la enunciación. Distingue tropiezos que atañen al sujeto; que implican el gran Otro; o el otro (con minúscula) al cual el discurso se dirige. También intenta enhebrar una lógica. En los tropiezos de la enunciación que afectan al sujeto cabe situar la oposición clásica entre certeza y creencia: donde el sujeto carece de la creencia se encuentra con la certeza. Cuando alguien dice: "Yo creo en Dios", ofrece al mismo tiempo la confesión de su no creencia. Ninguno dice: "Yo creo que acá hay un vaso"; es de lo real, hay un vaso. Cuando alguien dice: "Creo que hay un vaso", es porque al mismo tiempo está afirmando que es posible que el vaso no esté. La creencia implica al sujeto en su relación con la verdad, en el límite de su saber. La certeza sería, en cambio, el saber apodíctico que no deja espacio para su interrogación.

En la psicosis, ciertos fenómenos, no todos, gozan del valor de la certeza. Un psicótico puede muy bien reírse de un chiste; lo que no le va a causar gracia es que ustedes hagan chistes de su delirio o de su alucinación. Si esta mujer dice que ella habla con cuatro hombres, como en un caso relatado[8], decirle: "No, vamos, qué va a tener cuatro hombres, no bromee", no le va a causar ninguna gracia; es más, probablemente termine mal toda propuesta de acompañarla en lo que a ella le pasa. La certeza no se extiende en general, es una certeza focalizada en aquellos elementos que son productos de la lógica de las psicosis.

Si en cambio abordamos los tropiezos de la enunciación que atañen al gran Otro, encontramos fenómenos señalados por la psiquiatría clásica, que nosotros reconocemos como manifestaciones de una

---

8. El caso fue relatado en la jornada donde este texto fue presentado por primera vez en Buenos Aires, diciembre de 1996. Jornadas de Fundación Brizna.

lógica diversa estipulable en su oposición: fenómenos de influencia, fenómenos de transparencia. Fenómenos de influencia: llegan al sujeto desde el Otro sin que los pueda controlar. Fenómenos de transparencia: el sujeto no puede ocultar a la mirada o al saber del Otro, sus pensamientos.

Productos específicos típicos del Otro, afectan al sujeto en consecuencia: la conspiración, el Otro decidiendo el destino del sujeto; la injuria, momento de ejercicio del goce del Otro.

También son señalables los instrumentos del Otro: hay un texto clásico de un discípulo de Freud que trabajó sobre esto a principios del siglo XX, Víctor Tausk[9]. En el destacaba las "máquinas de influenciar", como esas radios que de pronto hablan del sujeto, la televisión que le habla a él o puede ser la ducha del baño, donde un micrófono lo registra y le contesta.

En el caso de Schreber, Lacan lo subraya, son los pájaros parlantes, los nervios que se anexan, se combinan, le entran por la nuca, como los rayos divinos. Son significantes que se presentan en el modo de una entificación de la palabra. Schreber escribe que le entran como un adoquín por la nuca.

El último de estos tropiezos de la enunciación es la relación con el otro al cual se dirige el discurso.

Hay un punto clave para un diagnóstico: la imposibilidad del sujeto de decir no, que tiene consecuencias en ciertos pasajes al acto: recuerdo un paciente que padece una parafrenia, a veces parece, pero no logra, cristalizar en un delirio sistemático. Era lector ferviente de cuanto autor circulaba. El leía de todo, me contaba: "Cuando yo, doctor, voy a argumentar, primero leí a Freud, a Lacan, a Nietzsche, a Genet, a Sartre, entonces ¿cómo me van a contradecir? Cuando me discuten aunque yo ofrezca todos esos argumentos, no puedo hacer otra cosa, saco el cuchillo y se lo clavo". Estuvo preso varias veces. El no puede decirle "no" a la palabra del otro. Es más, el lee "todo eso" porque es el recurso del que dispone para oponer alguna barrera a la palabra arrasadora del otro. No dispone del "no" simbolizado.

A nosotros como neuróticos no nos resulta transparente la estructura lógica que está detrás. Me estoy refiriendo a un "no" específico,

---

9. Víctor Tausk, *Œuvres Psychanalytiques*, Payot, Paris, 1975, p. 177.

que el sujeto pueda decirle no al argumento del otro. Del mismo modo el sujeto no puede soportar que desde el otro se haga una interrogación de su delirio y de su alucinación, que se cuestione el grado de verdad que portan, porque para el sujeto no sólo portan la verdad, son de lo real.

Retórica de la psicosis, nos encuentra con un Otro inapelable y un sujeto inamovible que se dirige a un otro que se sitúa en el lugar de lo indiferente, o bien, como en el delirio de persecución, cargado de una significación exagerada.

5.

Si iniciamos el recorrido en la antecedencia lógica que la interseca —aunque no la cubre— querríamos avanzar en alguna de sus consecuencias.

Después del arduo recorrido que la antipsiquiatría desplegó contra el desconocimiento subjetivo de las nosografías psiquiátricas, una pregunta nos parece pertinente: ¿cuál sería el beneficio del diagnóstico al que esta retórica apunta?

Con Lacan, allí donde su texto mencionado concluye, la aceptación de la psicosis como estructura es también el reconocimiento de las condiciones de intervención que ella determina. Por eso la advertencia de la inutilidad del esfuerzo del remero que agita sus brazos en la arena.

¿Entonces?

Es a otro final al que quiero convocarlos como en su momento me invitó a mí. Es del seminario de Lacan que centrado en el sinthome terminó con dos escrituras que en principio se me ofrecieron como enigma. La primera es el nudo que desde entonces conocemos como el nudo de Joyce. En él se expone cómo podría ubicarse la escritura de Joyce que le sirvió para que, pese a sufrir de una *Verwerfung* de hecho del Nombre del Padre, no se viera atrapado por una psicosis clínica. En este nudo:

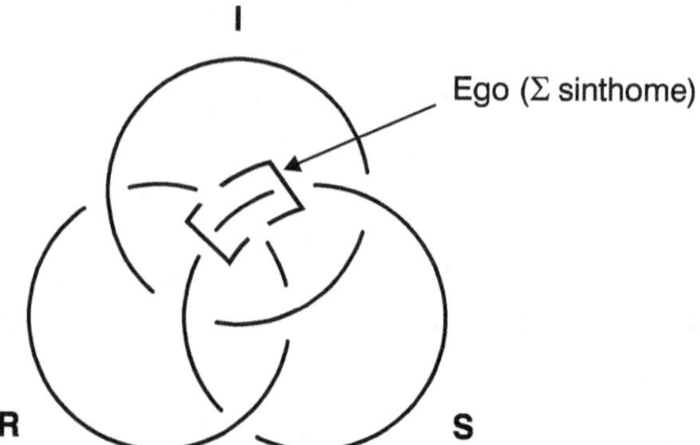

advertimos que los tres anillos, el de lo Real, el de lo Simbólico y el de lo Imaginario no se encuentran anudados según la fórmula consagrada y válida en la neurosis: por arriba del de arriba, por abajo del de abajo.

Es fácil apreciar que el anillo de lo simbólico equivoca el cruce con lo Real y determina dos efectos: el anillo de lo Imaginario queda suelto y el anillo de lo Real penetra al anillo de lo Simbólico y viceversa.

Esta pérdida del registro de lo Imaginario ha sido para Lacan esencial en el diagnóstico de la psicosis, especialmente en la dificultad del sujeto de oponer, en la tensión agresiva con el semejante, la consistencia de su respuesta. Así lo expuso en su lectura del caso Aimée, en la imposibilidad de la sujeto de responder a la usurpación del rol materno realizado por su hermana, o en Joyce en su relato de Stephen Hero donde cuenta su imposibilidad de responder a la agresión de sus compañeros adolescentes, o en el comentario de la novela de Marguerite Duras, *Le ravissement de Lol V. Stein*, cuando la protagonista queda medusada ante la mujer fatal que le quita al amado novio.

Pérdida de lo imaginario que en la semiología clásica reparte sus efectos en formas duales: del lado del sujeto, en eficacias llamadas de despersonalización; del lado del mundo, en sensaciones de desrealización.

La penetración mutua de lo Real y lo Simbólico escribe los fenómenos de entificación del significante, como lo muestran en el caso Schreber los pájaros parlantes o lor rayos divinos.

A este fracaso del anudamiento, lo remedia un cuarto anillo al que Lacan nombra ego o sinthome equivalente en Joyce a su escritura.

Con esta eficacia: que lo imaginario queda ligado, anudado, pero con un déficit; no se logra tampoco así un nudo borromeo, no cumple con las dos condiciones básicas: prescriptiva: si corto un anillo los demás se separan; restrictiva: ningún anillo debe penetrar al otro.

Esta persistencia nos indica la de la estructura. También las limitaciones de una intervención posible.

El seminario mencionado termina con este nudo:

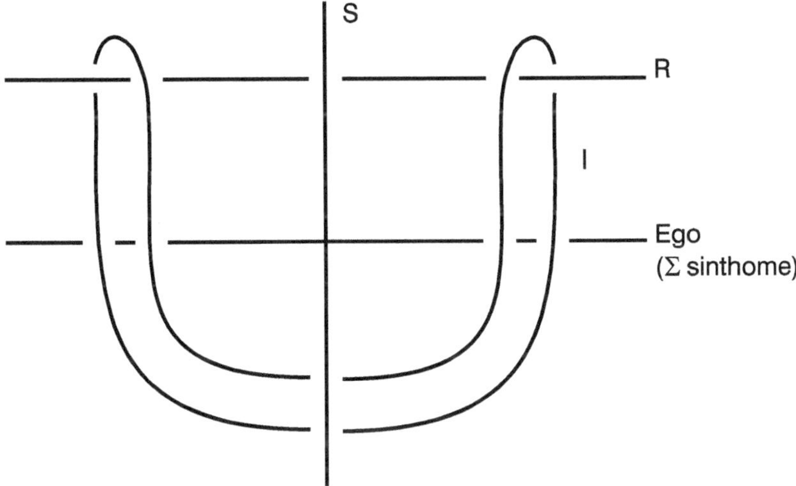

Como tantas veces en su enseñanza, ella queda expuesta, pero no explicita su razón.

La nuestra, consecuencia de nuestra lectura, es que la transformación del nudo de Joyce en esta presentación (se trata del nudo anterior que transforma todos los anillos menos el de lo imaginario en rectas al infinito   en la geometría proyectiva las rectas al infinito anudan en el infinito—) resuelve lo que quedaba pendiente en la solución insuficiente del sinthome: la penetración de lo Real y lo Simbólico es enviada al infinito y sale del centro de la escena.

Leemos allí una propuesta, la que nos decidió al esfuerzo de la creación de una vía eficaz para el diagnóstico de la estructura: si el remedio se logra no sólo con el sinthome, sino con la disposición —la inmersión, dirían los topólogos— del nudo en el espacio, encontramos allí una superación posible del límite que la arena oponía a la fuerza del remero: la intervención en lo Real que, aceptando los límites de la estructura psicótica, contribuya a que el sujeto estructure, disponga de un espacio real que ofrezca a sus cuerdas el despliegue adecuado, para enviar sus productos, los que especifican las psicosis, allí donde decimos se sitúa el infinito.

Entonces advertimos que la recomendación lacaniana de acudir a la cita con la psicosis expone una dimensión ética que define su pronóstico: la que otorga o excluye el lugar para la existencia. De ella depende que el sujeto emerja de un modo o de otro.

Segunda Sección

Fundamentos de la práctica
en el Hospital de Día*

Laura R. D'Agostino

I. Una descripción necesaria

Sabemos que los Hospitales de Día psiquiátricos aparecieron a principios de la década de 1940 como consecuencia de un déficit: faltaban camas de internación. La intención entonces era **liberar camas de pacientes.** Hoy, ante la realidad observada en las zonas de influencia de nuestro Hospital de Día —en Capital Federal y Gran Buenos Aires— y con una lectura no sólo cuantitativa sino cualitativa, proponemos: **liberar pacientes de las camas.**

Sin idealizar ingenuamente nuestra propuesta, aceptamos la internación como otra instancia a ser tenida en cuenta, decidida por múltiples causas, algunas inherentes a la estructura psíquica del enfermo, otras —y no son las menos— atinentes al encuadre asistencial con el que se cuenta, incluyendo a la familia y la Institución en que el tratamiento se desarrolla, con todas sus variables: profesionales de guardia o no, disponibilidad de camas para estadías de corta duración, transporte para ofrecer el traslado de pacientes y familiares, autonomía de los espacios asignados, enfermería especializada, tolerancia de los profesionales de otras disciplinas.

---

* Reescritura del trabajo presentado en las Jornadas Interinstitucionales del Hospital de Día, realizadas en el Centro Cultural Gral. San Martín, Buenos Aires, en noviembre de 1990.

De modo que si bien podríamos sorprendernos como Freud por el hecho de que las neurosis florecieran también a dos mil metros de altura, creemos que, más allá de la geografía, un tratamiento puede probarse.

II. El psicoanálisis

Habiendo citado a Sigmund Freud, sería incorrecto olvidar los múltiples lugares donde él indicó la falta de efectividad del psicoanálisis para el tratamiento de la psicosis.

Recuerdo sólo algunos de ellos, elegidos, por cierto, no al azar.

Lecciones introductorias al psicoanálisis (1915/1917).

Nuevas lecciones introductorias al psicoanálisis (1932/33).

Compendio de psicoanálisis (1938).

Escritos donde indica: 1. diferencias tópicas en lo que se refiere a la constitución del sujeto; 2. distintos posicionamientos del sujeto respecto del propio deseo; 3. manifestaciones clínicas distintas, y por último: "reconocemos la necesidad de renunciar a la aplicación de nuestro plan terapéutico con el psicótico, renuncia que quizá sea definitiva, quizás sólo transitoria, hasta que hayamos encontrado otro plan más apropiado para este propósito".

También Lacan, en el escrito "Acerca de una cuestión preliminar a todo tratamiento posible de la psicosis", nos acerca la conocida frase sobre la anticipación de un fracaso "es tan estúpido —concluye— como jadear con el remo cuando el navío está en la arena".

Leemos en estas citas y el desarrollo realizado por sus autores la inadecuación de los instrumentos: lo cual nos lleva a repensarlos y entonces, sí, avanzar a partir de ellos.

III. La estructuración del psiquismo

Complejo de Edipo y Transferencia, pivotes de nuestra conceptualización. Tomamos como punto de partida, según hemos dicho, los distintos modos que tiene el sujeto humano de situarse ante la "operatoria de la Castración", modos de defensa, que en su singularidad definirán la Estructura.

Represión para la **neurosis**.

Renegación para la **perversión**.

Forclusión para la **psicosis**.

¿Qué queremos decir los psicoanalistas, desde Freud para acá, cuando hablamos de **castración** y de distintos **modos de defensa**? Constatamos el **inconsciente**, lo leemos en sus producciones: sueños, síntomas, actos fallidos.

El **inconsciente** es ese **saber** que se constituye por la eficacia del pasaje que hace el ser humano, camino hacia la apropiación de la palabra.

El ser humano se distingue de cualquier otro mamífero por estar habitado por la palabra —humano parlante, *parlêtre*, según el neologismo lacaniano, "hablaser". El lenguaje antecede y sucede al cachorro humano.

En una grafía mínima, pero ajustada, podemos escribir dos vectores:

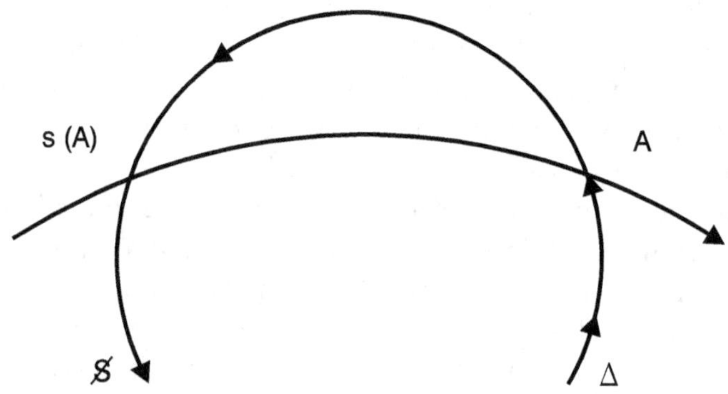

Primer grafo de J. Lacan en la Subversión del Sujeto.

El primer vector, el que va de izquierda a derecha, es el del lenguaje, lo denominamos cadena del significante. Allí se habla del niño "por venir". Se dice que será lindo, alto, bajo, médico o jugador de football; o bien, dirá la madre del futuro psicótico: "ahora tendré con quien dormir", "no va a necesitar a nadie más que a mí", "tengo un cuerpo extraño en mi panza".

El otro vector, el que va de derecha a izquierda, se inicia con la letra griega Delta mayúscula y llega a una S mayúscula tachada, barrada.

Decimos de ésta: **del puro sujeto de la necesidad Δ, hacia el sujeto del deseo inconsciente S.**

La letra griega Δ señala una evidencia, **el niño nace sin hablar**, entonces, la apropiación del lenguaje es una adquisición.

Puro sujeto informulado de la necesidad. Puede recibir todos los cuidados pediátricos, pero sólo con ello no alcanza. No sólo encuentra leche cuando se lo acerca a la teta, también discurso, amor transmitido en palabra, una madre que quiere alimentarlo, cuidarlo. Encuentra palabras. Se le dicen cosas, se le pregunta, se parodia una respuesta posible, **se lo baña en el lenguaje.**

Entre los dos vectores se producen dos cruces, al primero, el de la derecha, el que escribimos con la letra A, manteniendo la inicial de la palabra Autre en francés (Otro), lo llamamos **Lugar, tesoro de los significantes**. El niño llora y la madre significa el llanto: "tiene hambre", "tiene sueño", "me extraña", o se ríe y: "se ríe porque sabe que llegó el padre", "llegó la abuelita". Pensemos, en cambio, en una madre que sólo supusiera lágrimas o muecas sin sentido.

Allí se significa, se detiene el deslizamiento a la significación, se articula el "punto de basta".

En el cruce de la izquierda, s(A), por el retorno a partir del "punto de basta", retorno que indica la flecha que va desde la A hacia la s(A), ubicamos **el momento donde la significación se constituye como producto terminado.**

Si bien los grafos se complejizan en el mismo artículo, para esta primera aproximación nos es suficiente ubicar estos elementos S, sujeto del deseo inconsciente. También sujeto dividido entre lo que dice y sabe. (En la escritura de J. Lacan, la barra sobre cualquier letra indica siempre represión instituyente).

(A) Lugar, Tesoro de significante;

s(A) Abrochamiento, mensaje.

De (A), podemos decir: la cultura, las costumbres, el entorno, vehiculizados por los padres, los cuidadores, los educadores. Lo que hace a la apropiación de la misma se trasmite en el quehacer cotidiano, no proviene de los libros, no hace ni necesita de la erudición. "Naturalmente", recibimos lo que se puede y lo que no se puede; graduamos la lactancia; está pautada la edad en que los niños pueden empezar a estar en una guardería y a qué edad comienzan a ir al colegio, a qué hora deben ir a dormir y, por ejemplo, de qué conversaciones pueden o no participar; si los dejamos o no dormir en nuestra cama y después los pasamos a la suya, es decir, **parece "natural" cuál es el lugar de cada uno.**

De todos los tabúes descriptos por los historiadores, el único universal en todas las agrupaciones de la especie humana, es el **tabú del incesto.** Es el que en su movimiento promueve la **adquisición de los emblemas del propio sexo y propicia la exogamia.**

Decimos en psicoanálisis que la naturaleza humana, a diferencia de la naturaleza animal, no es natural.

Según la enumeración anterior, la lactancia se interrumpe la más de las veces a causa de las necesidades laborales o estéticas de la madre; el niño va a otra cama, no siempre porque no quepa en la de sus padres; y si habla ¿por qué no podría participar de cualquier tema?

La naturaleza humana está signada por marcas, modas y presiones del entorno; entonces: las marcas que guían el deseo, habitan al sujeto y producen efectos.

Nos gusta en una descripción mínima, situar toda la operatoria en los tiempos correspondientes al **Complejo de Edipo.** Tiempos sumamente precoces en el desarrollo del niño, en donde no sólo observamos la cronología, sino también la lógica propia de la **constitución del deseo.**

Surge en este momento, con el tema tan divulgado del "niño deseado" o el "niño no deseado", la idea de que para que un niño advenga al mundo, **debe faltar en él.** Lógica socrática del deseo, desplegada por Platón en el diálogo del *Banquete*: se desea lo que no se tiene.

Verdad de perogrullo: antes de nacer no era, no estaba. Sin embargo es propiciatoria la existencia anticipada en la vida familiar, la esperanza de quienes lo van a recibir.

Una madre neurótica, como cualquiera de nosotros, supondrá una personita en su panza desde muy temprano, aún siendo médica y sabiendo de las etapas de gestación.

Se imaginará al niño, color de ojos, de cabello, su estatura; el padre le supondrá algún gusto intelectual o deportivo; le elegirán un nombre; decorarán el lugar que va a ser de él; se hablará con los hermanos para acompañarlos en los celos y hasta se irá pensando con quién va a quedar el niño cuando la madre retorne a sus actividades habituales.

Como dijimos, son todas manifestaciones de los humanos de anticipar **un lugar para el sujeto**, diciendo en ese mismo movimiento, en ese juego anticipatorio, que ese niño, ese sujeto, no les pertenece a los padres; aceptan los consejos pediátricos de la época; buscar guardería; eligen colegios.

Se desea más allá de él, el interés por las otras cosas no declina, aún reubicándose. **No se completan con el niño.**

Freud situará el período de latencia en un corte cronológico, entre los 5 y los 11 años aproximadamente, dirá que el niño permanece con los títulos en el bolsillo, título de la constitución subjetiva, hasta que en la pubertad y salida a la adolescencia debe ponerlos a circular.

Decimos: debe afirmarse en los emblemas del propio sexo. Época ésta del segundo despertar sexual. De la afirmación fantasmática.

Todo esto, descripto así, como nos sucede en la vida cotidiana, es lo que Lacan, en el año 1958, en el *Seminario Las Formaciones del Inconsciente*[1] teoriza con la llamada **Metáfora paterna.**

Escribamos la fórmula:

$$\frac{NP}{DM} \overset{\longrightarrow}{\longleftarrow} \frac{DM}{x} \quad NP \left[\frac{A}{FALO} \right]$$

Metáfora: sustitución de un término por otro.

Así, en nuestra teoría: Significante Mayor, el que denominamos sin empirizar **"Deseo de la madre"** —DM— es sustituido por otro significante Mayor, tampoco empirizable, **Nombre del Padre** —NP— liberando, en ese movimiento, al niño, que escribimos con la letra x, y a la Madre, del par frustrante de la díada primordial.

Por no ser empirizables, hablamos de **funciones.**

En el campo del lenguaje, que decimos porta la madre, se presentifica un significante en más, que instituye la función de la palabra.

El **Deseo de la Madre, Deseo del Otro** cae bajo la barra de la represión y su efecto es situable en el Inconsciente. Saber Inconsciente del cual el Sujeto está constitutivamente separado. Toda esta operatoria que llamamos operatoria de la **castración** queda:

---

1. Jacques Lacan, *Séminaire Les formations de l'inconscient.* Éditions du Seuil, Paris, 1998.

Reprimida en la estructura **neurótica.**
Renegada en la estructura **perversa.**
Forcluída en la estructura **psicótica.**

Forclusión es un término del derecho, que alude a que un paso de un proceso **no fue en el momento que debió haber sido y después no puede ser.**

IV. La psicosis. Los Psicóticos

Cuando decimos: **Forclusión de la Castración,** afirmamos que toda esa operación que describimos anteriormente, en el paciente psicótico, no tuvo lugar y no lo tendrá.

Así, afirmamos no solamente que la Psicosis como tal es una estructura psíquica, sino que es irreductible a otras, que no hay pasaje, tampoco con la terapéutica, ya sea psicofarmacológica, psicoanalítica, psicológica en sus distintas variantes; si bien, y esto tiene que ver con nuestra propuesta asistencial, podemos actuar sobre sus efectos y aliviar la vida del sujeto.

Más allá de cualquier descripción y fineza teórica, los psicoanalistas en general y los que trabajamos con sujetos psicóticos también, tenemos objetivos de tratamiento: **objetivos, no ideales.** Que el otro, el que consulta "la pase bien", reduzca sus síntomas, alivie su sufrimiento. Es decir que, **avanzando por el camino de su deseo, mejore su calidad de vida.** Si bien en la psicosis no hablamos del deseo inconsciente (lo que sí corresponde al campo de la Neurosis y se constituye por eficacia de la intervención de la función del Nombre del Padre), propiciamos que, apropiándose de algún deseo, construya una suplencia, es decir que intervenga supletoriamente la función de corte, un Nombre del Padre supletorio.

El psicoanálisis de pacientes neuróticos se inicia en el momento en que algo no anda y no se sabe por qué.

Ese "no se sabe por qué", lo situamos en la gráfica hecha en la $\math8$ mayúscula barrada —$\math8$— que quiere decir, sujeto dividido entre lo que dice y lo que sabe; sujeto habitado por su Saber Inconsciente, Sujeto del lapsus, etc.

Primeras cuestiones con pacientes psicóticos:

– Los otros hablan de él.
– La cara le crece.
– El brazo se le desprende del cuerpo.
– Las voces le dicen.
– Escucha una orden sobre que es él quien debe salvar al mundo.
– Ve que lo miran, espían.

En general, no consulta, no hay enigma sobre el cual preguntar a otro; si lo hiciera, podría tal vez pedirnos que nos ocupemos de "esos otros" que lo persiguen, que lo molestan.

El loco traído por algún familiar, la policía, los vecinos, es un hecho que pertenece a la vida cotidiana de cualquier guardia hospitalaria.

La certeza, que como tal no produce interrogantes, invierte la situación y algunos psicoanalistas la definimos como que entonces comenzamos a trabajar con una suerte de **Demanda Invertida, Transferencia Invertida.**

Decía Freud: "Sólo son analizables las neurosis de transferencia". Si volvemos al grafo que hemos hecho: en los tiempos constitutivos, el niño, el sujeto de la necesidad, acude al Otro, al que indicamos con la A, en un movimiento de confianza; confianza ésta que proviene de una operatoria cumplida, en la cual no sólo se deseó al niño sino también para el niño, camino a su propia subjetivación.

En el encuadre psicoanalítico, ya un sujeto constituido acude a A, ahora encarnado en la persona del psicoanalista; transferido al psicoanalista.

No retroceder ante la psicosis, propone Lacan... ¿y avanzar cómo?

V. Nuestra propuesta de Tratamiento

a. Puntuemos lo antedicho

1) La psicosis es una estructura psíquica no reductible a otras estructuras.

Se hace necesario, por esto mismo, no confundir Síntoma y Estructura. Los llamados síntomas de la psicosis, sus manifestaciones clínicas, los encontramos también en otras estructuras. Por ejemplo: alucinaciones en la neurosis histérica o en la neurosis obsesiva.

2) La estructuración psicótica se produce como efecto del Goce aplastante del Otro, entorno en el que crece, se constituye el futuro psicótico, sin suponer esto ninguna "decisión" por parte de ellos, en general, como manifestación de las "mejores intenciones".

Tomemos nuevamente el grafo; es imposible que quien quedó como "la cosita de mamá", puro objeto de Goce del Otro, pueda constituirse como sujeto deseante. Un objeto no puede ser sujeto.

3) Al no haberse estructurado como sujeto deseante, sujeto del deseo inconsciente habitado por la falta que relanza la búsqueda, éste no se encuentra interrogado por "el no saber", por lo tanto, no acude espontáneamente en búsqueda de ayuda.

4) Al no haber demanda en el sentido psicoanalítico fuerte, es imposible el establecimiento de la Transferencia en su vertiente simbólica, que posibilita la constitución del Sujeto supuesto Saber —S.s.S— encarnado en la persona del analista, móvil de cualquier psicoanálisis.

Recordemos la Transferencia como la reedición del movimiento de confianza que efectúa en el encuadre una persona ya constituida.

Ahora bien, ¿qué hacer cuando, teniendo en cuenta todas estas salvedades, nos situamos desde el marco teórico referencial freudo-lacaniano?

Aceptamos que el psicoanálisis responde con lo que la estructura posibilita.

Recordemos nuevamente: "Sólo las neurosis de transferencia son analizables".

Si intentamos reproducir en la Transferencia la conflictiva edípica del paciente, se repetirá el rol de las figuras determinantes, rápidamente quedaremos en la posición de su Otro constituyente, aplastante, gozador.

O bien, el paciente acudirá sometido, sin palabra, y es el caso de los esquizofrénicos; o bien, entraremos en la serie de los perseguidores, y es el caso de los paranoicos. Ya que en los tiempos lógicos de su constitución subjetiva no habrá habido un lugar discriminado para él (recordemos lo propiciatorio de un lugar anticipado) tampoco lo habrá en el *setting*, en el encuadre ofrecido: el paciente huirá, o se desplegará la lucha a muerte por el único lugar posible, pudiendo llegar a pasajes al acto riesgosos, tanto para él mismo, como para el analista.

b. *Transferencia e interpretación*

Instrumentos preciados del psicoanálisis, con los cuales operamos habitualmente.

Sólo en Transferencia la Interpretación es posible.

Dice Lacan en el *Seminario XI, Los cuatro conceptos fundamentales del psicoanálisis*: "Transferencia es un concepto determinado por la función que tiene en una praxis; este concepto dirige la manera de tratar a los pacientes, y a la inversa, la manera de tratarlos gobierna el concepto"[2]. Cosas mínimas sobre la transferencia ya dijimos. Vayamos ahora a la Interpretación.

La Interpretación es siempre, rigurosamente hablando, Interpretación de la Castración (recordemos que partíamos de la Operatoria de la Castración y los distintos modos de defensa en que se sitúa el sujeto respecto de ella).

Castración en el orden del tener: lo tengo o no lo tengo; puedo o no puedo; primeros anuncios de la inhibición.

Castración en el orden del ser: ¿soy o no soy todo para el Otro?; ¿el Otro desea para/por mí?

Si avanzamos en este sentido, nos quedaremos girando sobre el vacío, ya que como describíamos antes, el Otro del psicótico no se muestra castrado, en falta. La interpretación allí lo arrojaría a un agujero sin fin, a ningún lugar.

---

2. Jacques Lacan, *Seminario XI, Los cuatro conceptos fundamentales del psicoanálisis*, Paidós, Buenos Aires, 1995.

c. *¿Entonces, cuáles son las intervenciones?*

1) Excluimos la interpretación como lógica de la castración. Nuestras intervenciones van en el sentido de propiciar en el sujeto la toma de la palabra, intentando pesquisar alguna brizna de gusto propio. Relativizando al Otro, horadándolo, a ese Otro no barrado, según la operatoria simbólica de la Castración; nos movemos en dirección de barrar al Otro en lo Real.
Por ejemplo: es el orden institucional el que nos abarca a todos; son las técnicas de la disciplina desarrollada en los talleres, y no la arbitrariedad del tallerista, las que organizan las actividades.

2) Intentamos desacelerar el movimiento transferencial (que, como dijimos en el punto 4 anterior, no se establecerá simbólicamente, pero sí en el registro de lo Real, masivamente) con lo que denominamos **de multiplicación de la Transferencia.**

Varios de nosotros, psicoanalistas, médicos, talleristas, atendemos al paciente y a la familia, lo que pone en acto que **no hay uno solo que porte todo el saber.**

d. *¿A qué tendemos?*

Decíamos en otro párrafo de este escrito, que en nuestra tarea tenemos objetivos, no ideales. ¿Cuáles son?

1) Acotar la eflorescencia sintomática al espacio asistencial. Lo cual evita intervenciones de terceros, por ejemplo de la policía, o de los vecinos.
Como dice claramente un paciente asistido aquí desde hace varios años cuando comienzan a perfilarse los síntomas que M. Katan denomina "de prepsicosis": "vengo porque siento que la cabeza se me está engripando", "gripe" que anticipa la irrupción de las voces, que en su caso desencadena la injuria contra sí mismo, la certeza paranoica.

2) Apuntar a que el paciente, recuperando, o bien construyendo lazos sociales propios, pueda no ser segregado de su medio, de su entorno, sea capaz de retomar la circulación social interrumpida por las manifestaciones clínicas y en este movimiento la actividad misma, en su anudamiento, enganche, evite la clínica propia de la estructura.

Como vemos: **movimiento de ida y vuelta, entre acotamiento de las manifestaciones clínicas y recuperación de lazos sociales.**

Es decir que, incidiendo en el armado de un Nombre del Padre supletorio, éste en su función facilite la circulación social y acote a su vez, las manifestaciones clínicas.

e. *La cotidianidad de nuestra propuesta*

Ejercicio diario en:

1) La selección de los talleristas. Teniendo como premisa que "vivan de eso", esto es que no se trate sólo de un adorno que complete el saber de otra cosa, sino la brecha por donde circule el camino de su propio deseo.

2) El lugar de los psicoanalistas acompañantes de talleres —siempre uno acompañando la actividad— en los cuales, a partir de que el objetivo es la tarea propuesta, quien la dirige es el tallerista, y aquel sólo acompaña, acota para que ésta prosiga.

3) La posición de los psicoanalistas en la entrevista, como dijimos, no interpretando, más bien acompañando un texto, recogiendo una historia.

4) No cediendo a la tentación de una oferta insistente: poseer al paciente, quien en esto de ser objeto del goce del Otro está entrenado y suele hacerlo rápidamente ofreciendo su inermidad, su desgano.

Para concluir, proponemos leer la serie que posibilite no sólo una casuística variada, sino también la necesidad de que en la singularidad de cada paciente "haga serie", intentado propiciar la emergencia, aún por lapsos, del uno en más.

Bibliografía

Freud, Sigmund, "Compendio de psicoanálisis", en: *Obras completas*, Biblioteca Nueva, Madrid, 1972, pp. 3379-3418.

Lacan, Jacques, "Subversión del sujeto y dialéctica del deseo en el inconsciente freudiano", en: *Escritos I*, Siglo XXI, México, 1971, pp. 305-339.

——————— *Seminario V, Las formaciones del Inconsciente*, publicación en español de la Escuela Freudiana de Buenos Aires. Textos de las Clases Nº 7, del 15/01/1958 y Nº 8, del 22/01/1958.

——————— "De una cuestión preliminar a todo tratamiento posible de la psicosis", en: *Escritos II*, Siglo XXI, México, 1975, pp. 217-258.

Vegh, Isidoro, "Acerca de un tratamiento posible en las psicosis", en: *Matices del psicoanálisis*, Agalma, Buenos Aires 1991, pp. 33-46.

Acerca de la clínica diaria
con pacientes psicóticos[*]

Laura R. D'Agostino

Cuestiones de la Angustia

Situamos este escrito en el marco teórico referencial que nos guía en la tarea de asistencia-docencia e investigación que realizamos desde el año 1985, en un Servicio Asistencial —**Hospital de Día**— inserto en el servicio de **Salud Mental**, de un Hospital General, sin internación de la "especialidad". Partimos de nuestro propio decir, producto de la conjunción con el de los otros, la experiencia, corroboraciones, correcciones y agregados.

Adherimos a la tripartición freudiana: **Neurosis, Perversión, Psicosis** y, partiendo de la operatoria de la Castración, los distintos modos del sujeto de situarse ante ella:

Represión para la Neurosis.
Renegación para la Perversión.
Forclusión para la Psicosis.

Ofrecemos un lugar, a partir de una suerte de Demanda Invertida, ya que el paciente psicótico no acude ofreciendo sus síntomas,

---

[*] Trabajo presentado en las Jornadas del Seminario de Presentación de pacientes: un instrumento para la clínica, Hospital M. Belgrano, el 14 de diciembre de 1991, Buenos Aires.

éstos no son enigma para él; no habrá Sujeto supuesto Saber (establecido transferencia mediante), ni analista en posición de *Semblant* de "a".

Qué transferencia se establece con el paciente psicótico es objeto de otro escrito de la autora, así como de otros trabajos incluidos en este mismo volumen[1].

Aludimos, entonces, al no establecimiento de la Transferencia en la vertiente Simbólica, propia de la estructura Neurótica.

Siguiendo el decir del paciente, intentamos pesquisar algún otro objeto de goce, más allá del goce incestuoso al cual llega apresado.

Goce incestuoso, efecto de estructura, que podríamos situar en términos de oposición del aforismo lacaniano: no hay Otro, arriesgando que **para el psicótico, hay Otro gozador, aplastante.**

Dijimos que partimos de la operatoria de la **Castración**. Operatoria Simbólica, en que un agente real, el padre, opera sobre un objeto imaginario, el niño, en posición de falo imaginario para la madre. Su efecto se sitúa en el inconsciente. Saber inconsciente, del cual el sujeto está estructuralmente separado, cuya constitución no es espontánea y que tiene como condición necesaria el lenguaje.

Para los primeros tiempos de la formulación lacaniana, 1958 y 1959, tiempos de la Metáfora paterna, decíamos:

$$\frac{NP}{DM} \underset{x}{\overset{\longrightarrow}{\longleftarrow}} \frac{DM}{x} \longrightarrow NP \left(\frac{A}{\Phi} \right)$$

Operación por la cual el Significante Nombre del Padre (NP) hace caer bajo la barra de la represión al significante Deseo de la Madre (DM), movimiento que libera al niño y a la Madre de la mortífera diada primordial.

Mencionamos: Otro Gozador, Otro aplastante, que pensamos Otro sin Barrar, sin haber pasado por la Castración fundante del sujeto del inconsciente, sujeto del deseo. Cabe aclarar que estamos leyendo desde el sujeto, para el que el Otro constituyente queda sin falta, completo y, por lo tanto, no lo constituye como sujeto deseante.

---

1. Ver los trabajos de E. Álvarez e I. Vegh.

En la propuesta clínica que sostenemos, nuestros movimientos van en la línea de **Barrar al Otro en lo Real** (Operación que no tuvo lugar en lo simbólico, decimos: forcluída en lo simbólico).

Tendemos al establecimiento del lazo social, que posibilita la circulación del paciente en el mundo que lo rodea, y llamamos a este **sinthome en la psicosis**, posibilidad de anudamiento que, en su eficacia, acote la eflorescencia clínica propia de la estructura.

Partimos de "Joyce, Le Sinthome", incluido en el *Seminario XXIII* de Jacques Lacan. En éste, Lacan toma el nudo borromeo de tres consistencias.

(I) (Una para cada registro: lo Real, lo Imaginario, lo Simbólico, anudadas en este mismo orden: abajo lo Real; encima está la consistencia de lo Imaginario; y lo Simbólico, respetando la alternancia: abajo del de abajo, arriba del de arriba).

Lee, en el discurso joyceano, la clínica propia de la psicosis (en especial cuando habla de las aptitudes telepáticas de su hija Lucía), sitúa la falla en el cruce entre lo Real y lo Simbólico —allí pasa lo Real sobre lo (a) Simbólico, que deja el eslabón de lo Imaginario libre—. En la clínica: disolución de lo Imaginario. También, lo Simbólico penetra el agujero de lo Real. El cuerpo se fragmenta; el Otro retorna desde lo Real, las voces se imponen.

(II) Lacan lee la estabilización joyceana, ligando el eslabón de lo imaginario, con un cuarto nudo. Según él, ego, su escritura.

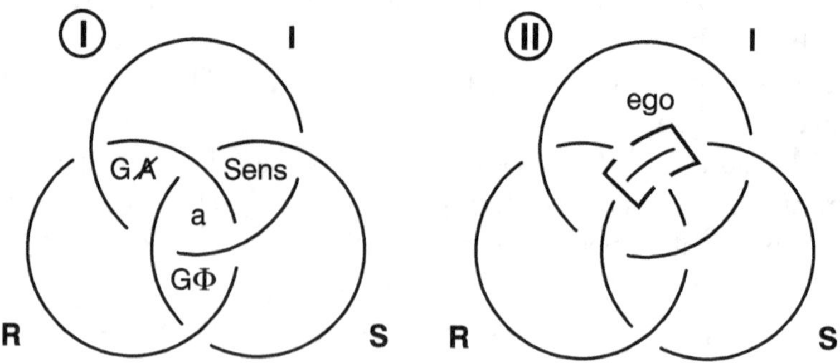

Reitero, a la producción y sostenimiento de éste, el cuarto nudo, que mencionamos como "sinthome" en la psicosis, dirigimos nuestra clínica, nuestras intervenciones.

Sabemos (si probamos hacer el nudo con cuerdas, lo comprobamos) que este cuarto nudo no restablece las propiedades borromeicas, ya que si cortamos uno, no se desprenden automáticamente los otros, quedan haciendo cadena.

Decimos: barrar al Otro en lo Real y producción y sostenimiento del cuarto nudo, lazo social. Evitamiento de la clínica propia de la estructura.

En los trabajos anteriores[2] describíamos lo cotidiano de nuestro intento, dando cuenta de los siguientes términos:

a) la selección de los talleristas;
b) el lugar de los analistas en los talleres;
c) la posición de los analistas en las entrevistas, individuales o de familia.

Cada uno de estos espacios, obviamente no tangenciales, merece un trabajo aparte.

Hoy, en cambio, situaremos dos puntos de obstáculo en el tratamiento, puntos que giran en torno a las siguientes cuestiones:

a) la angustia impide establecer, iniciar un tratamiento.
b) Cuando el tratamiento avanza y comienza a establecerse el lazo social, anhelado por el paciente, detiene su avance y desencadena la clínica de la psicosis. Es decir, la angustia irrumpe.

Realizamos un recorrido, sólo marcando los mojones de la obra freudiana, en que se toma el tema de la angustia.

Primera tópica —escritos metapsicológicos, **Consciente/Preconsciente/Inconsciente.**

---

2. Laura Rosa D'Agostino, *Fundamentos de la Práctica en Hospital de Día*, De Azul. Trabajo presentado en las Jornadas Interinstitucionales de Hospital de Día, realizadas del 16 al 20 de noviembre de 1990.

Introducción al narcisismo[3] (1914)

Tesis freudiana sobre la psicosis; recordemos que ya había escrito Schreber, en 1911, parte de la descripción clínica: "el narcisismo, el individuo toma como objeto su propio cuerpo". Se evidencia así lo que denomina "Narcisismo primario normal". A partir de la teoría de la libido, definida ésta como libido del yo y libido objetal, intenta el estudio de las parafrenias ("Demencia precoz", para Kraepelin, "Esquizofrenia", para Bleuler). Estos enfermos presentan dos características principales: delirio de grandeza y falta de interés por el mundo (vemos la articulación necesaria entre uno y otro), pero **¿cómo son las características de este apartamiento del mundo?** Pareciera haber retirado efectivamente su libido de las cosas, de las personas, sin haberlas sustituido por otros objetos.

Sustitución que realizan tanto los histéricos como los neuróticos obsesivos cuando retiran la libido de un objeto real y la dirigen a un objeto imaginado.

¿Cuál es el destino de la libido retraída en la parafrenia? La megalomanía es, por excelencia, el fenómeno que da cuenta del destino de la libido objetal retraída sobre el propio yo. Surge el estado que llamamos "Narcisismo". Dice Freud: la megalomanía, existía como estado previo; entonces lo que resulta de la retracción, como reflujo al yo de las cargas de libido del sujeto, lleva el nombre de "**Narcisismo secundario**".

Libido del yo y libido objetal, cuanto mayor es la primera, más pobre es la segunda. La libido objetal tiene su máxima expresión en el Amor (disolución de la propia persona en la carga del objeto), y su antítesis, en la fantasía paranoica de fin de mundo.

Articulación entre autoerotismo y narcisismo; debe agregarse al primero un nuevo acto psíquico. Se desprende, como hipótesis necesaria, que en el individuo no existe desde el comienzo una instancia semejante al yo. Este tiene que desarrollarse.

En jerga lacaniana diremos: no existe el sujeto del Inconsciente desde el inicio, tiene que efectuarse.

En cambio, los instintos autoeróticos son primordiales.

---

3. Sigmund Freud, "Introducción del narcisismo", en: *Obras Completas, volumen XIV*, Amorrortu, Buenos Aires, 1979, p. 65.

La Represión[4] (1915)

Comienza planteando que uno de los destinos posibles de la moción pulsional puede ser entrar en estado de Represión.

Diferencia entre represión primordial, primera fase de la represión por la cual a la agencia representante psíquica de la pulsión se le niega la admisión en la conciencia, estableciéndose una fijación. Es en el artículo "Lo inconsciente"[5], de 1915, donde Freud da cuenta de las **propiedades de los procesos inconscientes** que posibilitan este movimiento.

Por otro lado, describe la represión secundaria o represión propiamente dicha, que recae sobre los retoños psíquicos de la agencia **representante reprimida**, o sobre itinerarios de pensamiento que, procedentes de alguna otra parte, han entrado en vínculo asociativo con ella.

El objetivo de esta última es mantener a algo desagradable alejado de la conciencia.

Si la **represión no evita la angustia**, aunque mantenga alejada de la conciencia la representación, **fracasó.**

Se hace necesario, entonces, algo reprimido desde antes, para que la represión secundaria o propiamente dicha, pueda repeler desde la conciencia la moción pulsional.

Resumiendo: sitúa Freud la emergencia de la angustia en relación al fracaso de la represión secundaria cuya condición de producción es la representación primordial.

Propone que represión primordial e inconsciente son correlativos.

En 1924, para la época de la segunda tópica (Yo-Ello-Superyó), escribe dos artículos en relación a la psicosis.

"Neurosis y psicosis" y "Pérdida de la realidad en la neurosis y psicosis"[6]. Mantiene en ellos la formulación acerca de la aparición de la Angustia como efecto de la Represión fracasada. Como hipótesis

---

4. Sigmund Freud, "La represión", en *Obras Completas, volumen XIV, op. cit.*, p. 135.
5. Sigmund Freud, "Lo inconsciente", en *Obras Completas, volumen XIV, op. cit.* p. 153.
6. Sigmund Freud, "Neurosis y psicosis" y "La pérdida de la realidad en la neurosis y psicosis", en *Obras Completas, volumen XIX, op. cit.*, pp. 151 y 189.

inicial acerca de la génesis y producción de la psicosis, dice: la neurosis es producto del conflicto entre el Yo y el Ello; la psicosis, desenlace análogo entre el **Yo y el mundo exterior.**

¿A qué responde el **Yo** cuando reprime las mociones pulsionales? Al **Superyó**, cuyos dictados tienen origen en el mundo exterior. Así: el Yo ha entrado en conflicto con el Ello, al servicio del Superyó y de la Realidad (exterior). Esta descripción es válida para dar cuenta de la Neurosis de transferencia.

Pero, ¿cómo situar la producción de la psicosis?

El mundo exterior gobierna al Yo por dos caminos, ante este arrasamiento el **Yo** no tiene con qué responder y **construye una realidad nueva.**

Respecto a las formaciones delirantes, vemos que el delirio se presenta como un parche donde originariamente hubo desgarradura en el vínculo del **Yo** con el **mundo exterior.**

De este modo, Freud agrega a la formulación antes citada:

Neurosis de Transferencia (Histeria-Obsesión-Fobia), como resultado del conflicto entre el Yo y el Ello; las Neurosis Narcisistas (Melancolía), resultado del conflicto entre el Yo y el Superyó; y las psicosis, por último, resultado del conflicto entre el Yo y el mundo exterior.

En el otro artículo mencionado, avanza sobre los mecanismos que inciden en la pérdida de realidad en una y otra estructura. Hace una discriminación inicial por la cual la pérdida de realidad estaría dada de antemano en la psicosis; y en la neurosis se trataría del evitamiento de la misma.

Cuando el Yo al servicio de la realidad intenta reprimir una moción pulsional, surgen las formaciones que pretenden resarcir a la misma, así: síntoma-angustia. De modo que, en la neurosis, la pérdida de realidad toca los puntos pulsionales que intentaron ser reprimidos.

¿Y en la psicosis? En un primer paso, dice Freud, se arranca al Yo de la realidad, y en el segundo (siguiendo el esquema anterior), pareciera que quiere indemnizar por los perjuicios y establecer un nuevo vínculo con la nueva realidad.

Leemos en esta afirmación la no constitución de las instancias al modo de la neurosis, ya que el Yo no surge como instancia dada que está presta a relacionarse de tal o cual manera, sino como producto de la operatoria de la represión.

Neurosis y Psicosis se diferencian mucho más en la primera reacción (introductoria) que en la reparación.

La neurosis **evita** un fragmento de la realidad, mientras que la psicosis **construye** otra.

¿Cabe situar la angustia en relación a la producción psicótica? ¿Por ejemplo, en la formación delirante que según el artículo anterior surgiría a la manera de parche, en lugar de desgarradura?

Dadas las alucinaciones, tanto en una estructura como en la otra, nos preguntamos: ¿qué objeto se produce en el retorno alucinatorio en uno y otro caso?

Aventuramos una respuesta: leyendo a F. Doltó proponemos la castración para las distintas especies de objetos, para la neurosis y el campo de las locuras, lo cual nos llevará a pensar e interrogar el punto de las forclusiones parciales.

Ya en el campo de las psicosis, podríamos decir, objeto (no perdido) sólo respuesta a la Demanda del Otro, que en su retorno, sin cubierta imaginaria, no sustituido, se presentifica en lo simbólico, retornando desde lo Real.

La Negación[7] (1925)

El discurso del paciente guía el comentario freudiano: "¿no creerá usted que se trata de X? Estamos autorizados a concluir que **efectivamente** se trata de X".

De esta manera, se abren paso hacia la conciencia contenidos de imágenes o pensamientos reprimidos, pero **bajo la condición de ser negados.**

Se desprende que hubo contenidos que asociativamente y bajo la forma de la negación atravesaron la represión secundaria. Si mencionamos ésta y su eficacia damos por realizada la operatoria de la represión primordial cuyas fuerzas han atraído estos contenidos (a su vez repelidos de la conciencia).

El juicio (capaz del "no"), función que reemplaza al mecanismo por el cual el Yo incorporaba o rechazaba las cosas de acuerdo al principio del placer, tiene dos funciones.

---

7. Sigmund Freud, "La negación", en: *Obras Completas, volumen XIX, op. cit.*, p. 249.

Juicio de **Existencia** se refiere a la existencia real de un objeto imaginado (test de realidad), interés del yo real definitivo que se desarrolla a partir del yo inicial, regido por el principio del placer.

Se refiere a si algo existente en el Yo como imagen puede ser **también vuelto** a hallar en la realidad.

Tenemos en cuenta que las percepciones ya son repeticiones.

Descubrimos, como condición del desarrollo del examen de realidad, la **pérdida del objeto**, "[objetos] que un día procuraron satisfacción real".

La otra función: juicio de atribución en relación a atribuir o negar a una cosa una cualidad, o bien decidir sobre lo que originalmente pudo ser bueno o malo.

En términos de la pulsión oral más primitiva, esto lo comeré o lo escupiré. Rige en este momento el principio del placer.

Así, el juicio pone término al aplazamiento debido al pensamiento y conduce de éste a la acción.

Se desprende de lo anterior que el juicio es la evolución adecuada del proceso primitivo por el cual el Yo incorporaba o expulsaba cosas de su interior de acuerdo al principio del placer.

Su polarización parece corresponder a la antítesis de los dos grupos de instintos: afirmación (consecuencia de la unión), pertenece al Eros; negación (consecuencia de la expulsión), pertenece al instinto de destrucción.

La función del juicio se hace posible a partir de la creación del símbolo de la negación.

La primera afirmación, *Behajung*, afirmación primordial necesaria para el despliegue de las funciones mencionadas.

Sabemos que desde 1920 los articuladores son **Falo/Castración**.

El último artículo de Freud que recordamos es

Inhibición, síntoma y angustia[8] (1926)

Situamos el estatuto de cada uno de ellos: **inhibición**, restricción funcional del Yo; **síntoma**, modificación extraordinaria de una función

---

8. Sigmund Freud, "Inhibición, síntoma y angustia", en: *Obras Completas, volumen XX*, Amorrortu, Buenos Aires, 1979, p. 71.

o bien aparición de una nueva; **angustia**, efecto relacionado a los dos anteriores.

La Represión equivale a un intento de fuga. El Yo retrae la carga preconsciente de la representación pulsional que hay que reprimir y es utilizada para generar displacer.

Cómo surge la **angustia** en represión es un problema complejo. Lo que no discute Freud es que el Yo es la sede de la angustia, pero rechaza su primera postulación de que la **energía pulsional** se transformaba **automáticamente en angustia.**

En el Apartado IV, cuando desgaja las condiciones de producción de la "fobia a los caballos" y del "ruso", (el Hombre de los Lobos), describe el desplazamiento que se da en la resolución del Complejo de Edipo, que naufraga ante el Complejo de Castración.

Pregunta: 1) ¿cuál es el impulso reprimido?; 2) ¿cuál es el síntoma sustitutivo?; 3) ¿cuál es el motivo de la represión?

Juanito, remite a la castración; dominado por el Complejo de Edipo, se halla colocado en situación de celos y hostilidad ante su padre, a quien ama entrañablemente... si no entra en consideración su madre. Amor y odio hacia el padre, por amar a la misma persona, la madre. El síntoma debe ser la solución ante este conflicto: Juanito abandona la agresión contra su padre y aparece el **temor angustioso** a que un caballo muerda sus genitales.

El ruso, para ser amado en sus tiempos infantiles por su padre, debía perder los genitales que lo diferenciaban de la mujer.

En ambos, es el **miedo a la castración** el motivo de la represión; la angustia, **causa** aquí la represión.

¿Cuándo surge la angustia? La angustia surge al advertir la falta de objeto, situación que tiene por contenido la separación de un objeto muy estimado, la angustia "más primitiva" (de nacimiento) surgió al verificarse la separación de la madre.

Corresponde que nos detengamos. Freud realiza un salto cualitativo desde el trauma de Nacimiento al trauma de Castración y los diferencia.

En la situación traumática de nacimiento, no hay objeto que pueda ser echado de menos; sucesivas situaciones de satisfacción ante las necesidades crean el objeto materno, así, al emerger la necesidad, recibe una intensa carga llamada "anhelo".

El objeto no es "natural", si bien está determinado por el juego de presencia/ausencia, que en su demanda y oferta el Otro propone, distintos modos de decir la afirmación primordial (*Behajung*).

El punto C del apéndice del mismo artículo: llega el tema del dolor.

Describe el dolor físico y el dolor psíquico. Sus diferencias. El dolor físico, nos dice, necesita un estímulo exterior, cargándose además narcisistamente el lugar del cuerpo que duele y "vacía" al yo.

Cuando habla del dolor psíquico dice: la pérdida de objeto tiene poco que ver con la génesis del dolor y el estímulo exterior falta en la situación de anhelo del niño.

Vuelve al tema del duelo, trabajado en "Duelo y melancolía"[9], como "otro" modo que tiene el sujeto de reaccionar ante la pérdida de objeto. Modalidad articulada en este escrito con el examen de realidad.

En el "Complemento al tema de la angustia"[10], afina las diferencias entre el dolor psíquico y angustia. El primero, como la verdadera reacción ante la pérdida del objeto, y la angustia, como el peligro que dicha pérdida trae. Para esos momentos propone el Yo como sede de la angustia y ciertos progresos en el desarrollo del mismo, contribuyen a desvalorizar y desplazar situaciones anteriores. Freud propone que, para cada una de las "edades del desarrollo", el yo tiene adscripta cierta condición de angustia adecuada.

a) **El peligro al desamparo psíquico corresponde a la carencia de madurez del Yo paralelo al desamparo biológico.** (Podemos situar en esta "edad de desarrollo del yo" la lógica correspondiente a los tiempos de constitución del sujeto en relación al futuro psicótico —Ausencia del Otro, en su vertiente propiciatoria, tiempo necesario de alienación y separación—).

b) El peligro de la **pérdida de objeto** corresponderá a la época de dependencia de "otros" en los primeros años infantiles, o pérdida de amor del objeto. Histeria.

9. Sigmund Freud, "Duelo y melancolía", en: *Obras Completas, volumen XIV, op. cit.,* p. 235.

10. Sigmund Freud, "Inhibición, síntoma y angustia", Apéndice B, en: *Obras Completas, volumen XX, op. cit.*

c) El **peligro de castración**, correspondiente **a la fase fálica**. Fobia.

d) El **miedo del superyó**, correspondiente **al período de latencia**. Neurosis obsesiva.

"Con la despersonalización de la instancia parental, de la cual se temía la castración, se hace más indeterminado el peligro. La angustia a la castración se convierte en angustia social y ya no se sabe qué es lo que se teme. La separación/expulsión de la horda tiene que ver con lo que del superyó se constituye en relación a los modelos sociales, pero no al nódulo del superyó que corresponde a la instancia parental introyectada"[11].

Se nos imponen las articulaciones: modelos sociales-instancia parental introyectada o superyó y diferencias con el Goce del Otro.

Vayamos ahora a Lacan. Al hablar del objeto, ese tan difícil de conceptualizar, refiriéndose a la angustia, habla siempre del objeto "a", resto, residuo cuyo estatuto escapa al de la imagen especular i(a).

Imagen especular que se constituye ahí donde el sujeto se encuentra con la imagen de sí, que el Otro le ofrece (primer tiempo, el niño se ve como el Otro lo ve).

El objeto "a", carozo de la misma, es no especularizable; se produce en la lúnula de intersección entre el sujeto y el Otro; no pertenece ni a uno ni a otro. Es objeto perdido, objeto de sustitución.

En el diagrama de Euler Venn:

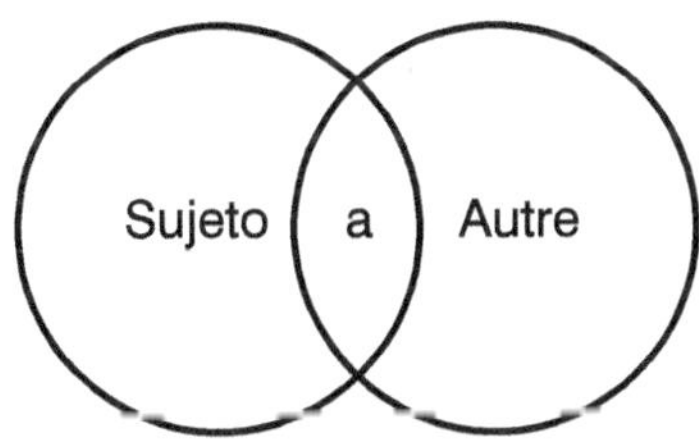

Rasgo unario en juego, identificación primaria como punto de partida. Dijimos resto, residuo, producto de una operación por la que, habiendo comenzado todo en el campo del Otro (Otro mítico,

---

11. Ibídem.

Otro sin barrar), cae bajo la barra de la represión y en este movimiento se efectúa el sujeto, sujeto del inconsciente.

Del mismo lado de la barra, ahora vertical, el objeto "a" como producto de la operatoria.

$$\$ \lozenge \; a - \left(\begin{array}{c} A \\ \$ \\ a \end{array} \middle| \begin{array}{c} S \\ \bar{A} \end{array} \right) \qquad S(\bar{A})$$

Del lado izquierdo de la barra, Sujeto del Inconsciente, sujeto del deseo, dividido entre lo que dice y lo que sabe. El "a" perdido, soporte del deseo en el fantasma, "no es visible en lo que para el hombre constituye la imagen de su deseo". **Cuanto más se aproxima al objeto de su deseo más se desanima.** De este lado entonces, leemos la fórmula del fantasma fundamental, particular relación del sujeto del Otro: $\$ \lozenge a$.

Del lado derecho de la misma, la fórmula que dice, Significante de la Falta en el Otro. $S(\bar{A})$. Saber inconsciente.

Obviamente hablamos del campo de las neurosis, en donde la sustitución, sin entrar en la deriva, da cuenta de la errancia del deseo, o bien de la inexistencia del objeto.

¿Qué pasa entonces cuando surge la angustia?

Cuando algo surge en el lugar del "a". Cuando falta la falta. Falta que, por todo lo anterior, se entiende necesaria a la estructura. Dijimos, en el inicio, que intentaríamos situar dos puntos de obstáculo en el tratamiento.

a)   La angustia impide establecer, iniciar el tratamiento.

b)   Cuando el tratamiento avanza y comienza a establecerse el lazo social, indicado por el paciente, detiene su avance y desencadena la clínica de la psicosis. Es decir, la angustia irrumpe.

Nos recuerda Lacan en el Seminario del 19/12/62: "La angustia no es la duda, es la causa de la duda y **actuar** arranca a la angustia su

certeza"[12]. Sabemos que la certeza es distintiva de lo que llamamos el sujeto psicótico; así, a la perplejidad que, según la Real Academia Española, es el modo máximo de vacilación e indecisión, la pensamos como el modo máximo de sujeción, en la apelación al Otro, que al sujeto posibilita no cuestionar la certeza sobre el mismo, digo, sobre el Otro completo.

Un ejemplo: "SM: Usted qué me dice Dra... Iba a venir... pero... pero no... no quería... Pero no... Me fui... Le dije a mi hermano pero no..., no quería. ¿Usted qué piensa? Me hará mal... Estuve internada por una pelea con mi novio. Sufrió la esquizofrenia... y después salí bien... Trabajo por tiempos..., ¿hice mal?... ¿Tendría que haberme quedado?... Tengo que venir..., si todos salen, todos se casan y yo no... ¿Me tendría que quedar?... Quiero trabajar para no estar en casa. ¿Puedo?... ¿Usted qué piensa? ¿Hice mal?... Mi mamá se murió hace un mes, yo tengo la culpa, porque nunca se me ocurrió revisarla. Tendría que haberla revisado, ¿usted qué piensa? ¿Hice mal?... ¿Tengo que seguir viniendo?". Sólo un recorte de una entrevista, dada la imposibilidad de extendernos, en el cual la vacilación no permite comenzar a trabajar.

Cada pregunta sostiene en la vacilación la certeza de la angustia y sobre la certeza, el psicótico no se interroga.

Dijimos: "pesquisar, siguiendo el decir del paciente, el encuentro probable con algún objeto de goce, más allá del goce incestuoso al cual llega atrapado".

Casuística que ya hace serie, nos lleva a interrogarnos sobre cómo deberá inscribirse ese "encuentro", ya que leemos que, en el punto en donde son llevados por la letra de su decir a responder ante el Otro, algo falla. Queremos decir, cuando el ordenamiento de la cultura los interpela: tener novia, desarrollarse en algún trabajo muy valorado por ellos mismos, ser padres u otras de las formas que Freud describiera en "Tres ensayos para una teoría sexual"[13] como el momento en que el sujeto circula ya con los "títulos en el bolsillo", dijimos: algo

---

12. Jacques Lacan, *Seminario La Angustia*, versión inédita. Texto de la clase del 19/12/1962.
13. Sigmund Freud, "Tres ensayos de teoría sexual", en: *Obras Completas, volumen VII*, Amorrortu, Buenos Aires, 1979, p. 109.

falla, se presentifica el acceso a una línea de sustitución imposible, por no haber objeto perdido.

Por lo tanto, no hay objeto que "Causa" el deseo. Nada falta. El objeto es el objeto.

Dice Lacan: "La angustia no es sin objeto". Y el goce del Otro sin barrar, por no haber caído bajo la barra de la represión (eficacia de la operatoria de la Metáfora Paterna), por lo tanto, Otro excluido de lo simbólico, deja inerme al sujeto en cuestión, retornando desde lo Real.

Una intervención: tratamiento en marcha, el paciente ha logrado cobrar por su trabajo. Es letrista y hace marquesinas. Vive de sus dibujos.

Está siendo perseguido por el mono en el momento de la entrevista. Lo dibuja.

Sobre el dibujo (representación imaginaria del retorno en lo real del perseguidor), el analista dibuja un cuadriculado que, por convención (simbólica), es una red.

Hubiéramos podido decir con Magritte: esto no es un mono; esto no es una red; apelando así a la mediación eficaz de que disponemos cuando no hay entificación de la palabra.

De otro modo el analista reponde: "Esto es un mono, ahora apresado en una red. Hay que ir a tirarlo. ¿Adónde lo llevamos?".

Cuando el paciente interrogaba sus dificultades para poner precio a su producción y realmente "vivir de ella", aquel mono, del monte en el cual se había criado, retornó, sumiéndolo en la situación de angustia que lo paralizaba. La intervención de corte, con la batería propia del paciente, la gráfica, los dibujos, se hace posible, sin capricho por parte del entrevistador, cuando es a él (al paciente) a quién le pregunta "¿Adónde lo tiramos?".

Si definimos, para la estructura neurótica, lo Real por la negativa: No hay relación sexual, la mujer no existe, ¿podemos, para la psicosis, situarlo por la positiva? Hay relación sexual.

Cobrar por el trabajo es cobrar.

Sabemos de estabilizaciones espontáneas.

Como dijimos, Lacan relata, bajo el título "Joyce, Le Sinthome", en el *Seminario XXIII*, la estabilización clínica del escritor J. Joyce. Allí la suplencia (que Lacan llama Sinthome), Cuarto Nudo, propicia el establecimiento del lazo social. Es el lazo social, le llama "**Ego, su escritura**". Para Joyce, su escritura era su cotidianeidad.

En nuestra práctica diaria, los pacientes que llegan son justamente los que no han podido estabilizarse.

Cabe entonces que nos preguntemos: ¿Cuáles son las propiedades de este Cuarto Nudo nudo para la psicosis?

El nudo borromeo (tanto de tres como de cuatro consistencias) tiene las suyas:

1) Es suficiente cortar cualquiera de los anillos para que se desprendan los otros.
2) Cada uno de ellos es equivalente a los otros, ninguno tiene estatuto privilegiado.

Si seguimos a J. C. Milner[14] y proponemos la escolástica del nudo: "tienen cada uno de sus elementos (R.S.I.) las propiedades que como conjunto enuncia, cada uno nombra una propiedad que afecta al conjunto, considerado colectivamente y cada uno de los otros elementos considerados distributivamente".

Es decir: lo Real de lo Imaginario; lo Real de lo Simbólico.

Lo Imaginario de lo Real; lo Imaginario de lo Simbólico.

Lo Simbólico de lo Real; lo Simbólico de lo Imaginario.

¿El sinthome pertenece a lo Real, a lo Simbólico, a lo Imaginario?

Ahora bien, si anudamos el Cuarto Nudo del modo en que Lacan lo hace, no se restablecen las propiedades borromeicas. **Aún así queda la clínica de la psicosis fuera de escena.**

Algunas preguntas

Como dijimos anteriormente, para Joyce su escritura, era su cotidianeidad, por lo tanto no hubo intervención clínica que la propiciase. ¿Marca esto alguna diferencia?

¿Cuáles serán las posibilidades/propiedades del anudamiento que es producto de una intervención?

---

14. Jean Claude Milner, en *Ornicar?*, Nº 25, 1982, Paris, p. 37.

Si pensamos que el nudo que teoriza Lacan es no sólo el nudo "de Joyce", sino el de la "psicosis en general", o bien aceptamos otras propuestas, podemos proponer, para la constitución de ese Cuarto Nudo, **Tiempos y Propiedades.**

Tiempos: corte en lo Real, sutura en lo Simbólico. Recubrimiento en lo Imaginario, lógica que se despliega en el discurso.

Propiedades: incompleto en lo Simbólico, ex-sistente en lo Real, consistente en lo Imaginario.

Por último: también decíamos "necesidad de una serie que posibilite, no sólo una casuística variada, sino que, en la singularidad de cada caso, haga serie. Intentando propiciar la emergencia, aún por lapsos, del uno en más; que promueva en lo Real la seriación que no tuvo lugar".

A lo que podría parecer desencanto lo propondremos como observación. No hay intervención única que inscriba lo que no fue. Sí, en cambio, insistencia repetitiva que, desplegada en lo real de lo imaginario, sujeta a lo Simbólico, haga las veces de muro, red, que evite el arrasamiento, el despedazamiento, la caída.

BIBLIOGRAFÍA

FREUD, SIGMUND, "Introducción al Narcisismo", en: *Obra Completa, tomo VI*, Biblioteca Nueva, Madrid, 1972.

——————— "La Represión", en: *Obra Completa, tomo VI*, Biblioteca Nueva, Madrid, 1972.

——————— "Pérdida de Realidad en la Neurosis y en la Psicosis", en: *Obra Completa, tomo VII*, Biblioteca Nueva, Madrid, 1974.

——————— "Inhibición, síntoma y angustia", en: *Obra Completa, tomo VII*, Biblioteca Nueva, Madrid, 1974.

Lacan, Jacques, *Seminario V, Las formaciones del inconsciente*, EFBA. Traducción: R. R. Ponte. Texto de las Clases del 15 al 22/01/1958.

——————— *Seminario X, La angustia*, versión inédita. Texto de la clase del 21711/1962.

——————— *Seminario XXIII, Joyce, le sinthome*, versión inédita. Texto de la clase del 11/05/1976.

Milner, J. C., "Heresies", en: *Ornicar?*, Nº 25, Ediciones de S.P.S., París, 1982.

Vegh, Isidoro, "Acerca de un tratamiento posible de las psicosis". Trabajo presentado en las Jornadas de la clínica freudiana. Neurosis, perversión, psicosis, realizadas del 14 al 16 de diciembre de 1984, en Buenos Aires.

Bailanza, un neologismo,
una propuesta posible*

Noemí Romano

A modo de introducción

De los talleres

Les voy a contar algunas cuestiones comunes a los tres talleres que son elaboración de todo el equipo, antes de hablarles del que coordino, de Expresión corporal.

Actualmente funcionan en el Hospital de Día tres talleres: Artesanía, Música y Expresión corporal.

¿Para qué? ¿Por qué? ¿Cómo es el dispositivo? Los talleres son espacios-tiempos para producir. No estamos ahí para trabajar sobre la historia ni los dichos de los pacientes ni ninguna otra cosa más que realizar la tarea que nos convoca. Estas actividades poseen leyes que trascienden a los talleristas y a los pacientes, leyes que se relacionan por un lado con lo real del material con el que trabajamos y por otro con la técnica, una forma que encontró la cultura para trabajar cada material, orden simbólico en el que el tallerista también se inscribe.

La propuesta es que puedan disfrutar, hacer, jugar en la acción, en un intento de acotar el goce al cual su estructura los somete; que se produzca algo del orden del placer.

---

* Trabajo presentado en la Jornada de Hospital de Día, Hospital Belgrano, 14/12/91. Villa Zagala, Provincia de Buenos Aires.

La tarea la proponemos como una barrera que evite el encuentro con lo real del goce del Otro, desde la actividad misma. La técnica funciona aquí como un lugar tercero que posibilita el trabajo con pacientes psicóticos. Así como la institución, el analista acompañante en talleres, las presentaciones de enfermos.

Preguntándonos por el lugar que ocupamos los talleristas que trabajamos con este tipo de pacientes, pensamos que no ingenuamente los talleristas intervenimos en lo real con ellos: desde la consigna y limitado a la actividad. Ahí está puesto el énfasis. Así como el terapeuta cuando está con la familia se propone, para escuchar la temática familiar, si controla la medicación, y si lleva adelante las entrevistas individuales, a acompañar un texto.

Pensamos entonces que el dispositivo establecido en este Hospital de Día, los talleres, son una forma eficaz de intervenir. Una de las formas. Nos cuidamos de qué decir y no decir, de cómo poner las consignas en palabras no perturbadoras, qué proponer hacer y que no. Estamos atentos a que aparezca la más mínima diferencia, para mostrarla devolviéndosela como suya, promoviendo que crezca. Soportando, por más dura y aburrida que sea, la repetición en los ejercicios, en el hacer. Repetición que permita enlazar, ligar, inscribir, anudar.

Pensamos cuándo meternos con los obstáculos y cuándo no, armamos estrategias para que puedan participar mejor en la actividad. Proponemos en acto cuestiones de identidad y de alteridad. Nombrándolos, nombrándonos, nombrando los elementos, jugando esto en acción.

Una discusión que quedó abierta en la jornada de hace dos años, algunos la recordarán, tenía que ver con una cierta contradicción entre lo artístico y lo educativo que, a nuestro parecer, encuentra una resolución en lo creativo.

Así, vamos pudiendo escuchar y propiciar que aparezca algo de las ganas de hacer y acompañarlos en su despliegue hacia ese hacer. Una línea de trabajo que se ajusta a nuestro dispositivo es la llamada educación por el arte, en donde se establece una propuesta estética, se promueve el desarrollo de la creatividad, pero sin poner todo el énfasis en el producto terminado, sino también en el proceso que llevó a él.

El Taller de Expresión Corporal

"Un taller real y libre para crear desde un dedo meñique hasta sin fin de cosas hermosas como una flor que cubre y tiende a conquistar nuestra mente y alma".

Hugo M.

Este taller funciona semanalmente desde 1989 y dura alrededor de una hora y media cada vez.

Fue quedando instalada una cierta rutina: comienza con una preparación a la tarea, ejercicios gimnásticos de calentamiento y estiramiento, en ronda y propuestos por los pacientes, psicólogo y tallerista, uno cada uno, imitando todos al que propuso el ejercicio, un segundo momento, del trabajo en sí, en relación a lo que estemos trabajando; continúa con una relajación y una cuarta parte donde se hacen comentarios sobre el trabajo.

Intentando ordenar los contenidos por los que transitamos, los clasifiqué un tanto esquemáticamente en:

A. Trabajos con el propio cuerpo:

- Posturales,
- de equilibrio,
- de estiramiento,
- de tonicidad muscular (tensión y relajación),
- de apoyos del cuerpo,
- de calidades de movimientos (dada por la variación de la velocidad, energía y espacio),
- de investigación de las posibilidades de movimientos de determinadas zonas del cuerpo, estableciendo límites, y de movimientos a partir de articulaciones.

B. Trabajos sobre la imagen del cuerpo:

- Juegos a partir de la mirada del compañero (fotos, marionetas, etc.),
- juegos de imitación grupal,

– juegos con objetos (delimitando el cuerpo),
– dibujos del propio cuerpo,
– masajes.

C. Trabajos de organización espacio-temporal:

– utilización de distintos niveles espaciales,
– distribución espacial del grupo,
– juegos a partir de las líneas del piso,
– construcción de espacios delimitados,
– investigación de recorridos posibles en el espacio,
– simetría y asimetría,
– formación de letras y números con el cuerpo,
– frases rítmicas: en el salto de la soga, en el pasaje de un objeto, en el movimiento y la quietud, en la coreografía, en las preguntas y respuestas con palmas, sonidos y movimientos, en juegos reglados, bailes popularizados y otras técnicas de movimiento: rock, flamenco, karate, etc.

Tendemos a que puedan crear; que puedan hacer desde pequeñas variaciones sobre algo ya dado hasta improvisaciones como síntesis de un trabajo, como así también que puedan descubrir movimientos nuevos.

Podemos pensar entonces en A, B y C como tres tiempos lógicos recortados a los fines de la exposición, A, con uno mismo, B, con la imagen y C, con lo tercero, espacio, tiempo, lo reglado, lo que permanece más allá del paciente y del coordinador. Si bien hay un tiempo en el que está puesto el énfasis en cada momento, siempre están presentes los tres, y hay un ir y venir constante entre ellos.

Hay en el taller un lugar, un tiempo y una energía en movimiento. Esto parece tan sencillo, hemos escuchado tantas veces en las presentaciones que no lo es para el psicótico. Caído del Otro. De un espacio. De un tiempo. Con una energía no apropiada, por no ser pertinente y por no haberse adueñado de ella.

Para poder pensar en los efectos de este taller, he traído algunas frases de pacientes.

H.M.: "Vine con mucho miedo a caerme, me cuesta mucho levantarme por la mañana. Por eso te pido que me ayudes. Me sentí como abandonado". (El día anterior había faltado el tallerista artesano). "La otra vez faltaste y me sentí preocupado".

M.C.: "Me estoy pareciendo lo más parecido a un ser humano".

P.S.: (la primera vez que vino) "Si levanto los brazos se me sale la carne. Me desarmo".

T.F.: "Yo vengo acá porque necesito venir acá. Me siento bien después. Recupero el equilibrio, el dominio del cuerpo."

A.B.: "Me gustó la danza en redondo y me gustó mucho el relajamiento. Me parecía que mi cuerpo necesitaba eso para tener un poco más de voluntad" (movimientos por ejemplo). "Me gustó bailar cada uno como quiera cualquier bailanza".

P.S.: "Me gustó todo. La pelota, la parte del cuerpo la pasaba, la pelota por el cuerpo desde el pie hasta la cabeza. Genial."

H.M.: (en relación a las manchas de colores de las pelotas con las que trabajamos), "eran los monstruos, me asustaban, los pateé, los reventé a patadas, los dominé. Jugué con uno, él quería jugar conmigo y yo con él. Le encontré una artesanía en pintura. Hice la artesanía del cuerpo humano".

J.G.: "Pintar con la pelota, pinté un paisaje, no, una realidad. Me relajé, me gustó mucho la canción, sentía canción de cuna. Después justo se paró (se rompió el cassette y seguí cantando yo) y siguió como una mamá".

P.S.: "La relajación me gustó mucho, cuando me levanto no me levanto bien, necesito aprenderlo". (Tenemos una forma en común para levantarnos de la relajación).

C.F.: "Me gustó cuando pudimos levantarnos y expresarnos nosotros. Me sentí plástica".

J.G.: (Sobre la relajación) "La voz de usted más cerca me pone bien".

H.M.: "La pelota me sentía que atrapaba el mundo, me hacía dueño del mundo, atrapaba la Tierra, colores. No pude dominar toda la envoltura. Sí me la podía imaginar".

"Yo te dije, ayudame con el cuerpo porque estoy muy débil. Me dolía, demasiada elasticidad, los estiramientos. No es de goma. Soy un ser humano de carne y hueso. Relajación: estuve como muerto, redormido. Con miedo a quedarme para siempre. Después me levanté cuando vos me tocaste".

M.C: (después de un trabajo, donde la consigna era que cada uno de ellos envolviera la pelota con su cuerpo). "Lo de las pelotas me pareció muy bueno. Eso de envolvernos todo el cuerpo con la pelota". Le pregunto si no era al revés, que el cuerpo envolvía la pelota). "Era una manera de decir que me envolvía el cuerpo con la pelota, me pasaba la pelota por el cuerpo".

Caídas, levantadas. Envolturas. Bordes del cuerpo. Cuerpos del ser humano. Mi lugar. El del analista que me acompaña (Lic. Ricardo Brun). Funciones de sostén y de corte (funciones que a veces intercambiamos). Desde la mirada. Desde la palabra. Desde el sostén físico.

Propiciamos que en lo real no se caigan. Algo de un lugar del Otro primordial se juega cada vez. No sabemos por cuanto tiempo, no sabemos qué de lo real va a venir a desarmarlo, pero sí pensamos que, a partir de proponernos como otro en lo real que les devuelve una imagen no despedazada de sí, a algunos pacientes, por algunos momentos, les es posible hacer jugar algo del orden de una cubierta imaginaria. Me parece importante comentarles que los pacientes que he nombrado en principio los pensamos como psicóticos no paranoicos.

También hablan del placer y de sentirse útiles.

P.S.: "Descubrí que me gusta mucho este lugar, que cuando estoy así, (tranquilo), me siento bien. Me siento útil".

D.G.: "Me encuentro con mucha habilidad para gimnasia jazz".

M.C.: "Me sentí útil, importante, bah, un poco importante".

H.M.: "Pasé requetebién, me sentí feliz".

P.S.: "Genial, lo pasé muy bien".

P.C.: "Me estoy poniendo cada vez más práctico. Es lindo".

Si quisiéramos situar el producto específico de este taller podríamos hablar, por un lado, de la producción creativa: improvisaciones, bailes, coreografías, y por otro, del cuerpo. ¿De qué cuerpo hablamos? Pensamos al cuerpo como algo que se construye en los primeros tiempos de la constitución del sujeto, un recorte que hace el Otro, desde la mirada, la voz, el contacto, el deseo, que queda en la mayoría de los seres humanos como soporte imaginario de los distintos avatares de la vida. Una imagen que se va modificando, crece, se torna más o menos extraña en los momentos de mayores cambios pero sigue siendo una. Un cuerpo, el de cada uno.

En otros seres humanos esa constitución fallida no está anudada por lo simbólico, está siempre a punto de despedazarse. Esa *gestalt* tambalea de manera particular en cada sujeto de la psicosis.

Esta es una de las propuestas de este taller: que algo de una cubierta imaginaria que haga de barrera a lo real, al goce del Otro, pueda ahí jugarse, aunque sepamos que seguramente será por corto tiempo, que en cualquier momento puede perderse, ya que no fue seguramente marcado por lo simbólico, entregado a la cultura.

Pero, ya sea como carga, como pedazos, más o menos imaginarizado, con mayor o menor envoltura y consistencia, lo "llevan" desde que fueron engendrados, es lo más próximo a ellos aún sin haberse apropiado de él. A mi entender, esto hace del taller un lugar posible donde intervenir, intentando introducir lo simbólico.

Entonces, ¿cómo se juega lo simbólico en este taller?

Los movimientos también pueden ser significantes en tanto se diferencian de otros, curvo-recto, arriba-abajo, adelante-atrás, tenso-flojo, rápido-lento, corto-ligado, etc.

Los trabajos rítmicos o espaciales, coreografías y juegos reglados, donde se da un trabajo de organización del tiempo o del espacio virtuales, nos permiten intervenir, con menores posibilidades de atribuirle un sentido cristalizado, estructuras organizadas, con reglas propias donde no se toca directamente el agujero del paciente, ni se apela al Nombre del Padre.

Así, en una coreografía, ocupan un lugar determinado, donde se juega determinado movimiento, con una forma propia, en un tiempo establecido.

El cuerpo aparece aquí como punto de posible cruzamiento de lo Real, Imaginario y Simbólico. En el sujeto, pero fuera de lo que se le presenta como conflicto. Inscripto en una orden. Un cuerpo entre otros cuerpos.

Dice H.M.: "ahora me siento un ser humano, cuando voy por la calle no me siento rechazado"; y A.B.: "Un buen ejercicio ayuda para andar por la calle, para mirar a la gente".

En la charla de cierre del taller tomo nota sobre lo que dicen de su trabajo del taller de ese día, de ahí las frases que les leí. Algunos me dictan, "escriba señorita", o hablan más lento para que pueda tomar nota.

Nos preguntamos si algo se escribe cada vez y cuál sería la persistencia de ese registro más allá de nuestra presencia real.

Por último quiero mencionarles un par de preguntas a propósito de la observación de algunos pacientes internados en otra institución en la que desarrollo mi práctica y que en el momento del brote casi no hablan, y pudieron trabajar como primera actividad en el Taller de Expresión Corporal.

Parto de una pregunta que me insiste: ¿cómo se articula la constitución del cuerpo con la organización de los significantes, la gramática?

Es posible que en el período del brote en algunos pacientes psicóticos, sobre todo en la esquizofrenia, haya un punto donde quedan solidificados los significantes. Creo entender que es lo que Lacan llama "captación masiva de la cadena significante primitiva".

Me pregunto, a partir de la observación clínica, si en el camino hacia su estabilización atraviesan un momento en el que un significante se diferencia de otro, su opuesto, sin otro encadenamiento. Si es posible acompañarlos en el camino que va hacia la recuperación del lenguaje. ¿Sería prestándoles desde afuera las reglas de la cultura a modo de suplencia? ¿Proponiéndoles trabajos en los que puedan ir tejiendo, organizando, encadenando en lo real algunos significantes? ¿Prestándoles lo simbólico aunque sólo los sostenga por un tiempo?

¿Hay un camino ahí, a volver a recorrer en acto, desde el primer par significante a la palabra, aunque sea psicótica? ¿Será ésta una intervención posible?

Taller artesanal[*]

Carlos Alberto Benevet

Como primera medida quiero agradecer a Laura D'Agostino, a Norma Fantini y a Viviana San Martín, sin cuya colaboración esto no podría haber sido escrito.

Parafraseando a Herbert Read podemos preguntarnos: "¿Es la creatividad una cualidad general que podemos aislar para definirla, o más bien un hecho imprevisible que cabe esperar, pero no invocar?".

¿A cuento de qué viene esto? Muchas veces se me preguntó si lo que hacemos en los talleres del Hospital de Día son "creaciones", si enseñamos a crear, o si en su defecto, mediante la "libre expresión" logramos que el paciente descargue su creatividad escondida y/o arrasada.

En todos estos años de trabajo en los talleres artesanales, pude a veces pensar o escribir sobre el tema del trabajo propiamente dicho y discurrir apenas sobre sus fundamentos teóricos y algún posible hallazgo, sin embargo, nunca me le animaba de frente a la palabrita "creación"; primero, por propia desconfianza; y segundo, por no tener claro desde donde abordarla ni su posible inserción en la planificación del taller.

Con motivo de una serie de invitaciones para hablar del dispositivo Hospital de Día en distintas instituciones, nos encontrábamos reunidos los miembros del equipo, considerando un orden determinado, cuando surgió imprevistamente el tema de la "creatividad" y su definición: "crear o producir alguna cosa de la nada", diccionario

---

[*] Texto presentado en la Jornada realizada en diciembre de 1993 en el Hospital de Día. Servicio de Salud Mental del Hospital "General Manuel Belgrano".

mediante. "Crear o producir alguna cosa de la nada"… Definición que a esta altura del partido no tolera el más mínimo análisis desde el punto de vista que se la mire. Ya hace tiempo que nadie habla de la creatividad proveniente de la "nada", sino de la recreatividad, en una civilización cada vez más interconectada, al menos audiovisualmente hablando, y de una historia y prehistoria asumida como propias por la mayoría de los investigadores, y una cultura que trasciende los límites de los países para instalarse cómodamente en los livings y cocinas de casi todos los hogares. Entonces, habida cuenta de estos hechos, y si tuviéramos que ensayar alguna aproximación para encarar el tema de la creatividad en los talleres artesanales de Hospital de Día, podríamos arriesgarnos a decir que, en el medio en que nos movemos, con el tipo de pacientes que acuden a nuestro servicio, con su patología, pertenecientes a un determinado sector económico, barrio, familia —salvo casos absolutamente excepcionales—, el trabajo consistiría en construir un trasfondo, una especie de campo de copresencia que, con el tiempo, fuera acercando los elementos indispensables para ir cimentando la construcción de la "creatividad recreativa". Este trasfondo habrá de ser cultural, técnico y social, como mínimo.

Existe, parece, una enorme diferencia entre hablar muy suelto de cuerpo de "creatividad" y hablar de "trasfondo".

Mientras en lo primero pareciera que nos estamos poniendo en manos de no se sabe qué magia, qué tirano encadenamiento del destino; en lo segundo, estamos articulando herramientas, creando… ¡uff!, creando… condiciones aptas.

No debiéramos apresurarnos a creer que con estas condiciones ya estamos pisando el campo de la creación artística, pues siendo ésta la condición de discernimiento, y de la voluntad de acción, entonces caemos en cuenta de que, en pacientes psicóticos, no será tan sencillo el abordaje práctico al campo de la recreación creativa; por ende, a aquél cuadro inicial del trasfondo como lo cultural, técnico y social, es decir, lo simbólico, debemos agregarle un término más, bastante más inasible que un libro, una espátula o un pedazo de arcilla, como es: "las ganas".

Porque si hablamos de un taller con neuróticos, damos por descontado que vienen por sus propias ganas, mientras que conocemos bastante bien el sentido opuesto de la demanda en nuestros pacientes psicóticos.

Por lo tanto, llegamos una vez más a la conclusión de que lo que es natural y espontáneo, entre comillas, en las personas comunes, el encuentro así fortuito con la invención, la creación y la originalidad, no lo es en lo más mínimo en la psicosis que, por el contrario, implica un arduo entretejido que ni empieza, ni termina en los talleres. Una búsqueda cuidadosa de historicidades, de atisbos de gustos, de rastros de intereses. Lo fortuito se transforma en proyecto, lo espontáneo en registro evocable, lo natural en regulado.

Los preconceptos. Desde siempre se pueden ver, en los libros más serios de Arte e Historia del Arte, escritos e ilustraciones que hacen alusión a la producción alienada.

Aún antes de mi inclusión en los talleres del Hospital de Día, del Belgrano, tuve la impresión de que estas "evidencias" de enfermedad mental estaban primero en el prejuicio del intérprete analizador que en las obras del sujeto alienado. Siempre tuve la sensación de que los pacientes de estos editores tuvieron la necesidad de "quedar bien" con el deseo de sus profesores. Es decir: de demostrar fehacientemente que su producción era "de locos". Tal cual lo que se esperaba de ellos.

Pregunto: ¿cuáles fueron las condiciones y cuáles las intenciones que han dado lugar a que el producido de determinados operadores, dé como resultado un hecho, una obra tan evidentemente "alienada"?, ¿o es que hay cierto regocijo, cierto regodeo con la posibilidad de demostrar que siempre el arte, la artesanía producida por psicóticos es psicótica? Nosotros, en los talleres del Hospital de día, no limitamos ni acotamos la posible creatividad o recreatividad.

Nosotros intentamos acotar el delirio, también el objeto de goce, por un momento de sujeto atento a leyes que ponen los mismos materiales y las distintas técnicas. No les damos la supuesta libertad de la libre expresión, valga la redundancia, sino las herramientas mínimas indispensables para producir un hecho, a veces artesanal, a veces artístico... Además, ¿dónde empieza uno y termina el otro?... Y muchas veces, no ocurre ni lo uno ni lo otro. Pero ese hecho es difícilmente definible como Arte o producto alienado.

Habrá, claro, cosas más o menos logradas..., mejor o peor terminadas..., más cerca o más lejos de la funcionalidad..., originales o archiconocidas, de buen o mal gusto..., y uno que otro desastre invendible, que el propio paciente se encarga de no exponer, porque también ha ganado en la autocrítica, esa otra forma del pudor; es más, cuando nosotros exponemos, no creo que estemos haciendo lo mismo que otras corrientes y otras instituciones, que tienen marcada la tendencia de exponer al paciente como objeto, en una especie de "shopping de la locura", sino que, por el contrario, exponemos objetos que son productos de los pacientes y no sólo los exponemos, sino que los ofrecemos a la venta y a un precio razonable, valorando así la pieza, el trabajo y el autor, poniendo entonces, al sujeto y al objeto, en su lugar correspondiente a cada lado de la mesa.

María del Carmen es nueva en el taller, llega justo en el momento en que estamos ordenando y poniendo precio a cada pieza, estamos llegando a fin de año, ella insiste en bajar los valores y por otro lado dice que le encantan las cosas, por fin dice: "Lo que pasa es que el día de la exposición quiero comprarme todo".

Los pacientes, con experiencia, la miran azorados, ella todavía no entiende.

El año próximo habrá que empezar de nuevo. María del Carmen quizás reduzca su murmullo con el Otro y se siente de este lado de la mesa para vender sus cosas.

Posdata.

Cuando leo un libro muy bien escrito sobre el arte de un psicótico se me ocurre que el profesional que lo escribió, cuando habla de angustia-placer, del dolor-alegría, del desgarramiento-vida, de pulsión-memoria, como elementos típicos de la acción del artista psicótico, poco conoció artistas no psicóticos, ni compartió atento y silencioso un momento de creación.

En resumen, si estamos proponiendo que nuestros pacientes circulen por el mundo con cierta normalidad y dejen para el ámbito preciso del servicio su discurso psicótico, y si apostamos a esto como sentido de la cura, entonces también apuntamos a que la producción del taller sea tal que pueda circular por el medio, sin ser caratulada obligadamente como Industria Alienada.

Experiencias en el Taller de Música*

MARCELO LEBEDINSKY

Al comienzo del trabajo en el equipo del Hospital de Día del Hospital Manuel Belgrano, los objetivos fueron simples, tales como generar canales de comunicación entre los pacientes y utilizar la música como una experiencia lúdica y creativa.

Estos objetivos (difíciles de evaluar) tenían que ver con esos fantasmas de la psicosis que recomiendan no depositar demasiadas expectativas en los resultados. Lentamente fui tratando de elegir la llave que permitiese establecer un piso desde donde desplegar la tarea.

Descubrí en esta instancia lo único que puede ser un trabajo lento y extensivo partiendo de rutinas creativas sujetas a las leyes que faciliten la tarea.

La organización del taller es la siguiente: utilizamos siempre el mismo salón, aula del hospital y comenzamos siempre a la misma hora. Nos ubicamos en sillas formando una ronda y la duración del taller es de una hora y cuarto a una hora y media. Los encuentros constan de diferentes momentos:

– Construcción de instrumentos no convencionales con: latas, mangueras, llaves, tubos de PVC, botellas, parches de cuero crudo y todo aquello que circunstancialmente pudiese reciclarse con fines musicales.

---

* Texto presentado en la Jornada realizada en diciembre de 1991 en el Hospital de Día, servicio de Salud Mental "Gral. Manuel Belgrano".

- Utilización de instrumentos en juegos y ejercicios de comunicación musical e improvisaciones vocales e instrumentales.
- Elección de canciones para interpretar y arreglos musicales.

Respecto a los instrumentos, la idea es poder generar música a partir de lo real que poseemos: elementos de descarte, una guitarra, un bombo, nuestras voces. Por supuesto que en la medida en que podemos comprar instrumentos también los incorporamos.

Los ejercicios y juegos parten de improvisaciones en donde cada uno de los integrantes del taller (incluido el terapeuta acompañante) improvisa melódica y rítmicamente sobre una base que yo sostengo con una guitarra o con un tambor (lata de pintura de 20 litros y un pedazo de cuero crudo). Las reglas para improvisar son las mismas que utilizan los músicos de jazz: uno por vez toca su instrumento y desarrolla su idea musical, al finalizar toma la posta otro compañero.

La tarea en general está plagada de dificultades propias de aquellos que transitan por la vida con la psicosis a cuestas.

Es aquí donde cobra vital importancia el rol del terapeuta acompañante en coordinación con el tallerista, acotando y anteponiendo la tarea y la concentración como condiciones para la participación en el taller. El terapeuta acompañante participa como uno más siguiendo las consignas del tallerista y aportando en la medida de sus posibilidades. Es realmente importante que el terapeuta y tallerista trabajen juntos dinámica y organizadamente a fin de no errar o, en su defecto, corregir la enunciación de las consignas.

Paso a relatar el caso de Pablo, un paciente que con una asistencia relativamente constante no podía mantenerse dentro de las consignas del taller y casi siempre generaba dispersión.

Diferentes intervenciones, tanto del terapeuta como mías, lograban a veces su adaptación al resto. En su defecto, Pablo debía abandonar el taller.

Una tarde ya comenzaba la actividad y en medio de una consigna que demandaba concentración y silencio, irrumpe Pablo y, dando un buen portazo, nos hace saber de su llegada. Ya sentado en ronda de trabajo, pero bastante excitado, no cesaba de golpear su pupitre y por supuesto de distraernos a todos. No había consigna pacífica que lo calmara y era tal su excitación que las llamadas de atención más enérgicas le causaban gracia o algo parecido. Era obvio que debía salir del taller pero ese recurso sólo resolvía el problema de los que estábamos trabajando y no el de Pablo. Inspirado en su ruido se me ocurrió que podía capitalizar su molesto obstinado en pro del taller y de sí mismo, y bajo la consigna de tocar algo más divertido, le ofrecí el bombo. Él aceptó, pero por supuesto, esto no termina aquí, pues tocaba a un volumen insoportable. Después de una simple corrección que le hice, comenzó a trabajar y mantenía sin dificultad el ritmo de la tarea que llevábamos a cabo. Al final del taller, y mientras tomábamos la merienda, manifestó que le había gustado tocar el bombo.

Demás está decir que no todos son aciertos; recuerdo una actividad que propuse en la que el objetivo era captar la atención de una paciente afecta a las artes plásticas pero totalmente indiferente no sólo al taller de música, sino a cualquier intervención que pudiese hacer alguien del equipo. Por supuesto que se le había invitado al taller de artesanías, pero sin éxito, pues nunca asistió.

La idea era incluir alguna técnica de expresión plástica asociada con la música. Por lo tanto me armé de elementos afines y propuse inspirarse en la selección musical que había llevado. Repartí hojas y marcadores. Era tal el hermetismo de la paciente en cuestión que cualquier cosa que ella produjese sería un logro de comunicación. Sucedió lo previsible, la paciente siguió con indiferencia al desarrollo de la propuesta y el objetivo no se cumplió, con el agravante de que otro paciente al preguntarle que había dibujado me devolvió una mirada en blanco igual a la hoja que yo le había entregado un rato antes. La hoja en blanco lo había angustiado mucho.

No pude mantenerme indiferente al resultado poco exitoso de la actividad, con lo cual me desanimé bastante, pero el apoyo de aquellos con los que comparto este trabajo me ayudó a entender que son los riesgos de investigar el difícil campo de la psicosis.

Uno de los elementos que pudimos comprar para trabajar fue un excelente grabador que resultó ser un aliado importantísimo en la tarea, ya que lo utilizamos mucho para escuchar y analizar lo que vamos produciendo. Fue así que una de tantas improvisaciones que grabamos resultó estupenda y quedamos tan maravillados que se convirtió en parte de la demostración del taller de música en esta jornada.

Es un tanto difícil describir los atributos del espacio musical creado en ese momento, pero trataré de hacerlo.

La consigna de improvisar ya era conocida. A partir de eso cada uno escogía el instrumento que quería utilizar; había "manguerófonos", maracas, dos guitarras, un bombo, y las mismas voces. La improvisación duró aproximadamente 10 minutos y tuvo diferentes matices que paso a relatar. Comenzó tímidamente hasta que de pronto un integrante inventó una melodía que nos gustó a todos. Cada uno en su turno la iba reproduciendo con diferentes matices. Alcanzó grados de gran emoción y otros de más tranquilidad en donde bajaba el volumen general, pero no se apagaba. En un momento, una de las melodías comenzó a transformarse en una canción popular pero no podíamos descifrar cuál era. Lentamente descubrimos que esa canción era "Amigo negro José". A esta altura de la improvisación, era tal la concentración de los pacientes, que la comunicación pasaba pura y exclusivamente por lo musical.

Me emocioné mucho durante la ejecución y se me puso la piel de gallina. Casualmente otro terapeuta del equipo se acercó al taller y se acopló al juego motivado por el fervor del momento. Luego confirmó junto con los demás la calidad del producto realizado.

Cuando, naturalmente, el ritmo comenzó a recalentarse paramos de tocar coordinadamente y los comentarios fueron unánimes: "muy bueno".

Durante la práctica se conjugaron elementos tales como: escuchar las bases rítmica y armónica planteadas por la guitarra y el tambor, sumando el instrumento de turno que inventaba melodías en base a lo que escuchaba y, por supuesto, estar atentos a las propuestas de los demás.

En este caso, la improvisación era nada cuando se inició y al concluir se convirtió en un producto concreto, pero no sólo porque pudimos apreciar la grabación, sino porque a todos nos quedó la certeza de que ese momento se imprimió en nuestro recuerdo como una anécdota feliz.

Otra de las tareas que hacemos consiste en elegir canciones que nos gustan y darles una interpretación acorde a nuestras posibilidades.

Yo intervengo en esto ideando arreglos musicales simples donde aplicamos voces e instrumentos.

Ejemplo de esto es la versión de "Dale alegría a mi corazón" de F. Páez que también forma parte de la mostración de este taller.

Aquí cada uno tenía un rol dentro de la canción y era fundamental entrar a tiempo con sus compañeros y hacer silencio cuando el arreglo así lo demandaba.

En una parte, por ejemplo, estaban todos condicionados al volumen y a los matices que le imprimía una voz con la que terminaba la canción.

Cuando practicábamos los arreglos de este tema era realmente difícil que no se distrajeran y que centraran la atención en el trabajo.

Con el tiempo se instaló en el taller la rutina de profundizar la elaboración de algunas consignas y actualmente se sabe que cada canción que empezamos no la abandonamos hasta que se logra redondear una forma de interpretarla.

Por supuesto, cabe que hagamos una elección errónea y decidamos no continuar esa canción por un motivo u otro.

Teniendo en cuenta las dificultades que tienen estos pacientes para producir sin reproducir, generar este tipo de producto, bien propio, es generador a su vez de algo que consideramos de vital importancia: el deseo. En estas prácticas ejercitamos: el deseo de ser escuchado, el deseo de escuchar lo que se hizo, el deseo de mostrar a otros su producto y quizás el deseo de hacer todo esto nuevamente.

En cada juego, en cada ejercicio y en cada práctica musical estamos invitando a los pacientes a escuchar a los demás, a apropiarse de su cuerpo, de su voluntad y de su espacio como ser humano.

Ruido de Magia*

María Mendes

1.

El objetivo que se plantea el Taller de Cine es que los integrantes participen activamente en la producción de películas. Cada uno de ellos interviene en todos los rubros de la realización, para lo cual se brindan nociones teóricas y técnicas. La idea es que *hagan* cine.

El remarcado tiene sentido porque es común asociar *cine* con *ver* películas. Se dice "cine" y asaltan nuestra memoria pasajes de películas de la más variada índole con las cuales reímos, lloramos, nos emocionamos de distintas maneras.

Hay algo de *magia* en él. Nos trasporta a otros lugares y otros tiempos suscitándonos una sensación de realidad fantástica. Sabiendo que se trata de una ficción, nos acomodamos en la intimidad de lo oscuro de la sala, para identificarnos —tranquilos y en soledad— con uno o varios de sus personajes y acompañar sus vicisitudes. Nos "metemos" en la película si es buena y perdemos noción de tiempo y espacio, sufriendo y/o disfrutando a nuestras anchas. *Hacer* cine es otra manera de gozar de él.

En una primera aproximación podemos decir que una película es una serie de imágenes en movimiento que se proyectan en una pantalla. El cine parte de una ficción: en realidad, no hay movimiento. Curiosamente su existencia se apoya en un defecto, en una falla de la visión humana. Cuando un objeto desaparece de nuestra

---

* El título de este trabajo fue tomado de una canción de Luis Alberto Spinetta que pertenece al álbum "El jardín de los presentes", de 1976, interpretado por Invisible.

vista, su imagen es retenida y tarda en borrarse aproximadamente un quinto de segundo. Esta característica se denomina "persistencia retiniana". La película es una cinta de celuloide emulsionada donde se pueden distinguir una serie de fotografías fijas, una a continuación de la otra. Al ser proyectadas, se detienen una fracción de segundo en la pantalla antes de pasar a la foto que sigue. Pero nuestro ojo no alcanza a percibir esta inmovilidad porque superponiendo la impresión de un fotograma con el siguiente reconstruye un movimiento. Dice Néstor Almendros: "no es necesario que se vea siempre todo, la memoria reemplaza a la visión. El ser humano *ve menos de lo que cree ver,* más bien adivina"[1].

Es propio del hombre el interés por reproducir la realidad que lo rodea. Lo hizo desde siempre, dejando en ello sus marcas. Estos hechos de cultura son las huellas que permitieron reconstruir lo singular del tiempo en que le tocó vivir. Se valió del dibujo, la pintura, la escultura, el grabado, la escritura. Mucho más adelante, la tecnología le posibilitó valerse de la fotografía y el cine. La imagen capturada por la cámara es bidimensional, aunque transmite una sensación de tridimensionalidad. Tiene un carácter plano, aunque la perspectiva, el foco y la profundidad de campo, la definición, o el uso del color colaboran en desmentirlo. Así, pudo sostener la *ilusión* de reproducir la realidad tal cual es, como un ojo mecánico que permitiera *excluir lo que de subjetivo* se jugaba en la mirada del dibujante o del pintor. No es por casualidad que a la parte de la cámara ante la cual se expone aquello que se intenta retratar se le llame "objetivo". Al decidir qué será incluido y qué no en un fotograma, qué objetos o sujetos hacemos resaltar y cuáles no, al definir su ubicación, al establecer el plano, es decir: al hacer uso de los recursos del lenguaje cinematográfico, estamos haciendo un recorte de la realidad y, por lo tanto, mostrándola a través de nuestra propia concepción de ella.

El hombre también se interesó por reproducir el movimiento, apelando a los elementos técnicos y formales disponibles en cada época. El nacimiento del cine se fecha en 1895, cuando tuvo lugar una proyección de los hermanos Lumière. Al principio se veía una fotografía inmóvil. Relata Georges Meliès, allí presente: "Repentinamente

---

1. Néstor Almendros, *Días de una cámara*, Seix Barral, Barcelona, 1983, p. 158.

vi ponerse en movimiento a los personajes, saliendo de los talleres de Lyon y viniendo hacia nosotros. Unos minutos después, un tren se lanzó hacia adelante, como atravesando la pantalla, precipitándose sobre el auditorio. Ante ese espectáculo nos quedamos con la boca abierta, estupefactos, sorprendidos más allá de toda expresión". Desde aquí nos es difícil imaginar que alguien suponga que el tren pudiera venírsele encima, pero muchos de los espectadores huyeron aterrorizados. A pesar de que la fotografía empezaba a ser conocida, era sorprendente que las imágenes se movieran. Aunque resulte obvio, debemos decir que el cine, en tanto hecho de la cultura, no es algo dado, no es "natural".

Cuenta Buñuel que en 1910, aproximadamente, "el cine constituía una forma narrativa tan nueva e insólita, que la inmensa mayoría del público no acertaba a comprender lo que veía en la pantalla ni a establecer una relación entre los hechos. Nosotros nos hemos acostumbrado insensiblemente al lenguaje cinematográfico, al montaje, a la acción simultánea o sucesiva e incluso al salto atrás. Al público de aquella época le costaba descifrar el nuevo lenguaje"[2]. Aún cuando se pudiera reconocer en las imágenes los objetos que representaban —lo que ya implicaba un trabajo psíquico— no era posible seguir la narración. Era común ver un hombre de pie durante toda la película, explicando con sus palabras lo que iba sucediendo en la pantalla, mientras señalaba con un puntero a los personajes. Este "explicador" era un otro necesario que permitía captar el sentido de las imágenes que se estaban viendo. El cine estaba aportando un lenguaje nuevo, y pocos espectadores podían entenderlo sin ninguna ayuda.

El cine es fundamentalmente un arte narrativo. Tiene códigos, normas, señales, articulaciones y convenciones que nos permiten contar historias con un lenguaje que le es propio. Son recursos de ese lenguaje el encuadre, el tipo de plano, los movimientos de cámara, la iluminación, entre otros. El montaje es lo que los articula, lo que permite primero descomponer y luego reconstruir el movimiento, el tiempo, el espacio, la historia, las ideas. Es un conjunto de operaciones que consiste en seleccionar, organizar y ensamblar los diferentes planos y sonidos para obtener una continuidad narrativa y rítmica.

---

2. Luis Buñuel, *Mi último suspiro (memorias)*, Plaza y Janés, Barcelona, 1982, p. 37.

Para ello se vale del corte y la yuxtaposición, que también tienen un valor fundamental en el campo del psicoanálisis.

La realización de una película abarca varias tareas: creación de un argumento; redacción de diálogos; creación de personajes; puesta en imágenes de los pensamientos que se quieren expresar; actuación (selección y dirección de actores); diseño y realización de decorados y escenografías; vestuarios; selección de temas musicales para sonorizar, o creación de temas originales; agregado de otros sonidos (además de la música y los diálogos); procedimientos técnicos para el registro de imagen y sonido; selección, descarte y rearmado del material obtenido. Insisto: corte y juntura caracterizan al cine. No es una unidad, es un mosaico producido por el cruce de varios discursos y no simplemente la suma de ellos. En cine siempre hay exceso y hay falta. Siempre hay descarte. El producto inevitablemente sorprende: no es lo esperado, nunca coincide con lo previsto.

La imagen es un elemento imprescindible. Puede no haber sonido, no haber diálogos o música —de hecho hubo cine mudo—, pero no puede no haber imagen. Lo pregnante de la imagen hace olvidar los cortes, las junturas. Hace que no veamos las cicatrices donde se produjo la costura. Olvidamos la condición de mosaico. Nos hace creer que lo que nos muestra es real o verdadero. En esto consiste precisamente la *magia* del cine.

Ponerse detrás de la cámara, ponerse a *hacer* una película es una experiencia que nos enfrenta irremediablemente con la desilusión, con el des-encantamiento. No se trata entonces de un Mago con poderes especiales —no hay un Otro sin barrar, aplastante—, se trata de trucos que se pueden reproducir, que se pueden transmitir.

2.

El objetivo que se plantea el Taller de Cine es que los integrantes hagan películas. Las reuniones tienen lugar una vez por semana a lo largo de dos horas aproximadamente. Debido a la particularidad de la tarea, en cada reunión se desarrollan distintas actividades. A veces se escribe, se trabaja con la cámara, o salimos a filmar. Otras veces conectamos y desconectamos aparatos y vemos lo que hicimos. "Taller de cine" es un concepto y como tal no se instala fácilmente.

En la primera reunión les expliqué cómo se concibe una película. Para que pueda realizarse es necesario desarrollar paso a paso distintas tareas. Recién entonces quedará terminada y podrá ser vista. El primer paso es construir una historia. A pesar de que no había manera de que pudieran asociar eso que estaba diciendo con "hacer cine", acataron las consignas con docilidad. Sin embargo, les costó muchísimo inventar una historia. A partir de sugerencias, preguntas, indicaciones muy concretas, nos pusimos en marcha.

Es función del tallerista velar para que la tarea se haga. Debe acotar, para que no haya dispersión, para que se pueda cumplir el objetivo de producir. Velar también en el sentido de interponer un *velo* allí donde hay falta de pudor, autorreferencia. No me resultó fácil que entendieran que se trataba de una ficción, una mentira al fin. Que tenían que "imaginárselo". Con enorme esfuerzo —de todas las partes— lograron apartarse de ese primer *como nosotros*. "Una chica que estudia Psicología. Trabaja en una boutique como vendedora. Tiene 20 años. El muchacho trabaja en una panadería. Vende pan. Tiene 25 años. No estudia". Empieza la acción: "Se conocen en una plaza. El chico está sentado en un banco. Pasa la chica. Le dice un piropo". A la pregunta: "¿Qué piropo?" responden con siete[3], no con uno.

Establecimos el argumento. Se tratará de una historia de amor. Con separación por Servicio Militar (antes habían dicho que se iba a la guerra) que dura cinco años. El padre de ella es un General que arma un pelotón de fusilamiento y lo obliga a casarse. Reencuentro y casamiento. La chica se recibe de psicóloga. Trabaja en un hospital.

Hacía falta establecer el conflicto, para lo cual tuve que explicar la noción. No resultó sencillo. Se terminó decidiendo que el

---

3. [1]Hola madre, hola bebota. 2) Adiós corazón de rosa (nótese que cambió *arroz* por *rosa*). 3) ¿Qué pasó? ¿Se escaparon todos los bombones de Bonafide? 4) ¡Muñeca! 5) Tú eres la Bella. 6) ¡Qué lindo vestido de flores, qué lindo que lo lleve una chica que se llama Rosa! (nótese la asociación por homofonía con el *rosa* de *corazón de rosa*). 7) ¿Qué pasó que los ángeles se vistieron de luto? (Supongo que este piropo corresponde a una chica vestida de negro, cosa que no se relaciona con el guión, ni con nada de allí)].

conflicto fuera con el novio: ella quiere progresar, pero él no quiere que estudie porque tiene celos. También siente envidia: las personas pueden tener sentimientos buenos y malos. Finalmente, él va a comprender.

Velo interpuesto por la tallerista mediante, se casará sin necesidad del pelotón de fusilamiento, no habrá guerra ni servicio militar. Tampoco la mujer habrá quedado embarazada, como alguno de los varones sugirió: las chicas se negaron rotundamente.[4]

Dos meses después de haberse iniciado el taller, llevé la cámara por primera vez. Fue una reunión muy intensa. Di nociones generales de funcionamiento. La tomaron, la tocaron, la miraron, miraron a través de ella. Cada uno filmó y fue filmado por otros. Este primer encuentro produjo un fuerte impacto en la mayoría de los pacientes. Reaccionaron de manera muy distinta. Alberto mostró interés y cierta capacidad. Cuando explicaba que el sonido se registra automáticamente, preguntó si se podían escuchar las voces. Me di cuenta de que se estaba refiriendo a las que él alucinaba.

Cuando le tocaba el turno para filmar, Pedro quiso salir del taller. Después volvió y pudo hacerlo. Tenía muchas dificultades: no podía cerrar un ojo y ver con el otro, se golpeaba la nariz con la cámara, caminaba en lugar de usar el zoom, para que no se cayera lo tenía que sostener yo. Marcos decía: "Siento que se me va la mano". La intervención en ese caso fue ajustarle la correa que permite sostener la cámara, sin intentar encontrar una interpretación. La imagen que llega a través de la cámara, bidimensional y blanco y negro, hay que construirla, no resulta de fácil lectura. *Ver* no es natural. Pedro se encontró con Alberto dentro del cuadro. Tardó, pero finalmente lo reconoció. Exclamó, entonces, eufórico: "¡Sos vos, vieja! ¡Entonces te veo! ¡No lo puedo creer!".

Alberto comparó manejar la cámara con manejar un arma. En el curso de las reuniones, la relación con la filmadora fue cambiando. Ya no le temían. Marcos dice: "Estaba nervioso, pero muy poco. Le tomé cariño."

---

4. Describo con más detalle los avatares de la filmación de esta película en "Cine y psicoanálisis: Crónica de un amor", publicado en el número de otoño del 2003 de *Fluctuat nec mergitur*, Letra Viva.

La primera vez que se vieron a ellos mismos en la pantalla, comentaron: "Me veo gordo, con ojeras"; "Me veo linda"; "Qué parecido a mi hermano que soy"; "Es lindo verse". Se pudieron reconocer por la imagen, y por la voz cuando no estaban dentro del cuadro. Más adelante, al proyectar las escenas donde actúan, dijeron: "No me gustó verme así, me da tristeza, no sé por qué."; "Marcos actúa bien. Pedro parece medio tonto. Reacciona mal, no lo hace como un actor bueno"; "Pedro habla siempre así, Marcos estaba actuando"; "A mí me parece que les falta gracia a los dos".

Filmaron los títulos con muy poca ayuda de mi parte. Quedaron torcidos, mal iluminados y peor encuadrados. Cuando los vieron no hubo comentarios, salvo de una de las chicas. Sólo puede decir que no le gustan, pero no sabe por qué. Mucho más adelante los volvemos a proyectar: ahí sí pudieron *verlos*. Se quejaron y decidimos volver a filmarlos. Dijeron: "Está mucho mejor, mejor encuadrado, no se mueve, atrapan toda la cámara de televisión" (la expresión se refiere al tamaño de plano); "Hay más color, se ve con luz, mucha luz, se ve mejor".

La diversidad de actividades necesarias para realizar una película se convierte en una carta variada que bien puede, si no saciar un apetito, al menos despertar algún gusto. También comprobé que en algún caso se produjo un reenvío al circuito del delirio. Es el caso de Marcos, que protagonizó uno de los primeros trabajos. "¡Qué bien hablo! Hablo como americano, ¿no es cierto? ¡Qué bien se ve! ¡Qué colores! ¡Qué bien actúo! ¡Es impresionante!", fueron sus comentarios al verse. Si hubiese sido una fantasía la de recibir el Oscar por su actuación, podría haber disfrutado al imaginar la escena. Pero se trataba de megalomanía. Como efectivamente "se le había ido la mano", pasó a amenazar con tirarse de un segundo piso. Una y otra vez, acotar el Goce del Otro donde se torne aplastante.

Lo que se llama "puesta de cámara" es el equivalente a descomponer en un número de miradas toda la película antes de filmarla. Hay que decidir dónde se ubicará la cámara, desde dónde se va a mirar. Y por qué: qué sentido da a esa toma, qué aporta, si respeta las leyes de continuidad. Estamos acostumbrados, sin saberlo, a "hacer cámara" espontáneamente. Miramos un objeto, pestañeo/corte, miramos otra cosa. Hacemos un paneo siguiendo algo que se mueve.

Una cámara es un ojo electrónico que nos permite reproducir una mirada. Pero esas imágenes hay que leerlas, y para ello es indispensable un baño de lenguaje cinematográfico.

Para realizar una toma, hay que —cámara en mano- recortar la realidad. Nos enfrenta a la castración: no podemos verlo todo, no todo puede entrar en cuadro simultáneamente. Vemos y registramos de acuerdo a nuestros intereses, a lo que somos, a un estilo. Al decidir qué se incluye en un cuadro y qué no, al establecer un tamaño de plano, estamos haciendo un recorte. Pero, al mismo tiempo, estamos mostrándonos nosotros a través de nuestra propia mirada.

La cámara es un medio técnico que posibilita registrar lo que abordó una mirada. Observar lo filmado —o mirado— permite, de alguna manera, reconstruirla. Construirla, podríamos decir. Nos proponemos hacer singular una mirada, atribuirle un sujeto de quien pueda ser desprendida. Puede ser necesario apuntar a establecer una cobertura imaginaria. A veces hay que construirla subrayando, remarcando aquellos indicios encontrados en las propias imágenes: las que los reproducen y las producidas por ellos. Se puede decir "devolver la mirada". Sancionar que *hubo* mirada y además afirmar que no me pertenece ni a mí, ni a un tercero: que es la suya. "Devolver la mirada" es también involucrarme, reconocer que los miro. Es necesario estar atento para no caer en la tentación de quedar convertido en un Ojo que todo lo ve, otro Otro sin barrar.

Se puede trabajar con esto de infinitas maneras. Trato de que descubran quién hizo cada toma. Van aprendiendo a rastrear pistas: se escucha alguna voz en off que da alguna clave, comprueban que si alguien aparece dentro del cuadro, no pudo haber estado detrás registrando la escena. Una de las formas de intervención peculiares en esta tarea es buscar indicios que permita reconocer una manera singular de mirar recurriendo a los elementos propios del lenguaje del cine, algo que aparezca en las imágenes producidas y sea distintivo de cada paciente. Uno es muy alto y lo que filma se ve desde arriba: la posición de la cámara delata su altura. A otro le llaman la atención ciertos objetos y los incluye en las tomas, variando el encuadre previsto. Alguno, cuando yo hago una indicación, abandona lo que está filmando y haciendo un *barrido* me "mira" a través de la cámara: arruina la toma por no poder perder algo de mí.

También hay quienes no distinguen los elementos que componen el cuadro mientras filman, ni más tarde cuando miran lo filmado en la pantalla. Cuando ese ojo no ve nada, intento partir ese infinito tratando de encontrar con el paciente algún objeto, distinguir la forma de una persona, describiendo con palabras, señalando, recorriendo con los dedos el contorno en la pantalla. A través de verse, ver a los otros, recortar un cuerpo del resto, reconocerse, intentamos construir una imagen corporal unificada. No siempre se logra salir de la fragmentación. Entonces la cámara es sólo un ojo sin mirada, sin sujeto. Un ojo loco.

Voy a recortar distintas situaciones a lo largo del tiempo y de la tarea de filmar un cortometraje, en relación a Rafael. Se trata de un paciente paranoico, bastante violento, de contextura *muy* grande, que pesa cien kilos o más, con una causa por homicidio en riña, y al que todos tratábamos de no provocar.

Después del taller, en una de mis primeras tardes, yo me había sentado con mucho entusiasmo al lado suyo para compartir cordialmente con él y con otros pacientes la merienda. Se levantó como un resorte, me miró muy seriamente y se fue con su té a la otra punta del salón. Me fulminó con su mirada. Me hizo saber sin necesidad de palabras que no tenía ningún interés en hacer lazo conmigo, y que a mi amabilidad le podía buscar otro destino. La transferencia comenzaba a establecerse. No es el objetivo de este trabajo explayarme sobre ello, pero a partir de esta práctica surgieron numerosas ideas e interrogantes que me han permitido avanzar en mis cavilaciones acerca de lo peculiar de la transferencia en las psicosis.

Cuando llevé la cámara por primera vez, Rafael miró a través del visor y no pudo terminar de reconocer esas figuras humanas. Exclamó entonces con horror: "¡Están todos muertos!" y dejó la cámara muy asustado. No pudo decir nada más acerca de lo que veía ni sobre su angustia. No intenté poner palabras, no insistí para que volviera sobre las imágenes. Hay intervenciones que transcurren en el registro de lo real. Entre su sufrimiento y él interpuse el trabajo con los equipos, videocasettes, cables. Seguimos trabajando con la cámara: otros pacientes filmaron, vimos lo que se filmó. Él observaba desde cierta distancia. La relación con la cámara y conmigo fue cambiando a lo largo del trabajo, aunque nunca dejó de ser precavida. Hizo algunas tomas: se ponía muy nervioso, transpiraba, trataba de concentrarse. Es un paciente impulsivo y con una torpeza que parece ser consecuencia de un desmedido esfuerzo por controlarse todo el tiempo.

En una película quiso actuar: se propuso como protagonista. Se trataba de un guión escrito por ellos mismos, al que hice referencia más arriba. Es una historia de amor. Una chica y un muchacho se conocen, se enamoran, hay una pelea, se reconcilian, se casan. Era un desafío tanto desde el punto de vista clínico como cinematográfico.

Rafael es muy rígido. No actuaba bien, pero actuaba. Quiero decir: hay una diferencia entre el momento en que se rueda la toma y cuando es él mismo. A veces me decía: "Ese hombre me miró, ¿no?", refiriéndose a alguien que pasaba por la calle. Se sinceraba: "Estoy nervioso porque estoy un poco perseguido". Sucede que a esta altura nos teníamos más confianza. Le aseguré que no se iba a notar. *Eso* no se iba a ver.

De cada toma siempre hacemos varias repeticiones y elegimos entre todos la mejor. Si algo no nos parece apropiado, lo sacamos. La selección no sólo depende del desempeño del actor. Son muchos los motivos que determinan la selección.

Por supuesto, él también participaba. No sirvió la toma cuando su compañera se equivocó en decir la letra, cuando alguien habló detrás de cámara (y quedó registrado el sonido), cuando un perrito se cruzó. Pasó un tren, un avión y por el ruido no se escuchó lo que dijeron. No es él a solas ante el Ojo de la cámara.

Por las entrevistas individuales sabemos que este paciente se masturba compulsivamente y sin reparo, aún ante la mirada espantada de alguna clienta del negocio de su madre, donde —¡oh, casualidad!— se vende ropa interior femenina. Se intenta poner un límite a este exponerse y se logra que se esconda detrás de alguna puerta. A veces espía a las mujeres comprando lencería.

Hubo un trabajo equivalente en el taller. Con el tiempo pudo ir pasando por distintas posiciones: filmar/mirar, ser filmado/mirado, mirarse, darse a ver, sustraerse de la mirada del Otro. Ahora sabe que está detrás de una puerta. Averigua cuándo está fuera de cuadro. Reconoce en la luz roja de la cámara cuándo está grabando, cuando terminó la toma. Lo que pase a partir de entonces no se va a ver en la pantalla.

126

El guión indicaba que el muchacho y la chica se peleaban. Rafael debía actuar enojo. Debía prestar su amenazante volumen corporal para que el personaje expresara furia. Corríamos un riesgo, debo reconocerlo. Pero él sabía que se trataba de ficción. Una maniobra que ayudó fue hacer que su compañera no entrara en cuadro en las tomas en que él gritaba y amenazaba. En su lugar pusimos un objeto que, aunque no se veía en la película, permitía ubicar la dirección de la mirada a los fines cinematográficos, y que no se concentrara sobre ella esa mirada furiosa a los fines clínicos. No olvidemos que se trata de un paciente paranoico, violento.

Si bien la puesta de cámara se hizo en equipo, tomé la precaución de intervenir dividiendo esa escena en varias tomas. Cada corte le permitía a él salir del personaje y a mí ir viendo cómo se desarrollaban las cosas. Rafael no se animaba. Recitaba la letra completamente desprovista de emoción. No alcanzaba con el enunciado —"¡Vos no vas a ningún lado…!"—, dependía del tono que utilizara para que el texto cobrara sentido. La repetimos varias veces y cada vez yo le pedía que lo dijera más fuerte, que se pusiera más serio. Terminamos los dos a los gritos: yo animándolo a más y él pudiendo actuar el enojo. Cuando se apagó la cámara, todos aplaudimos contentos por el resultado obtenido.

El taller de cine se plantea hacer películas: no es terapia de grupo, ni un test proyectivo, ni intenta poner palabras a todo, suponiendo que con eso se hace una interpretación. Se trata de que los integrantes puedan producir un objeto, separado de ellos mismos, para ser ofrecido a la mirada del Otro.

El cine es una herramienta a la que podemos dar diferentes usos y que permite intervenir desde distintos registros. Las particularidades de este lenguaje me parecen propicias para trabajar con psicóticos, pero no es el único posible ni el mejor. Danza, escritura, plástica, teatro, música aportan su perspectiva singular. Que proponga que los pacientes filmen, es porque está implicado mi deseo y porque el lenguaje cinematográfico me atraviesa.

En el trabajo con pacientes psicóticos se intenta implementar estrategias que permitan poner un límite a las manifestaciones clínicas, y produzcan un alivio en el padecimiento. Aunque no puedo sostener que siempre y todo lo que se haga en el taller sea una intervención clínica, podremos decir que sí lo fue cuando cumplió la función de restringir un goce y propiciar la *parición* de un deseo, por más que sea rudimentario. Trabajamos fundamentándonos en criterios analíticos, respetando lo particular de la estructura, subordinando a la dirección de la cura establecida para cada caso el trabajo en el taller.

A modo de epílogo

Se estrenó la película en una reunión organizada por el grupo, con invitados que ellos seleccionaron y a quienes hicieron llegar una tarjeta que diseñamos y confeccionamos en el taller. Hubo un brindis y algo de comer para compartir. Se vistieron y se arreglaron para la ocasión. Había cierta expectativa. Todos ya habíamos visto la película varias veces, pero ahora la dábamos a ver a los otros.

En la penumbra de la sala, cuando se ve en la pantalla Rafael incorpora en el asiento sus cien atormentados kilos para verse mejor. En la penumbra de la sala, yo lo miro. Lo veo disfrutar. Sus ojos no se distraen un segundo. Sigue la acción atentamente. Sonríe en silencio y a oscuras, con toda la cara. Está contento. Se mira, orgulloso. Es una imagen imborrable de él que guardo.

Atravesar los avatares de coordinar el taller, escuchar a los pacientes, participar de las reuniones clínicas y las supervisiones, conocer la experiencia de mis compañeros, los fundamentos mismos del dispositivo permitieron que algunas respuestas a las preguntas que me hacía fueran decantándose: si bien no hay Ley, sin embargo pudo haber leyes. Si no hay Otro barrado, puede intentarse barrarlo en lo Real. Que no sean neuróticos no implica que no haya posibilidad de elegir y descartar.

Pretendemos cumplir objetivos, no perseguir ideales. Pudieron hacer ficción, trabajaron en equipo, jugaron, se disfrazaron, se divirtieron, se pelearon, hicieron nuevos lazos. Pudieron filmar, terminaron películas, las mostraron. Se iniciaron en una actividad que tal vez propicie la aparición de un hilo delgado, una brizna de deseo.

YO*

Arthur Schnitzler

Hasta ese día había sido alguien completamente normal. Se levantaba a las siete de la mañana, haciendo el menor ruido posible para no molestar a su mujer a quien le gustaba dormir un poco más, tomaba una taza de café, besaba en la frente a su hijito de ocho años que se preparaba para la escuela y simulaba suspirar al decirle a María que tenía seis años: "Qué le vamos a hacer, el año próximo será tu turno". Mientras él dirigía esas bromitas a los niños, su mujer hacía generalmente su aparición y entonces sostenían una conversación muy simple y hasta en ocasiones divertida, pero siempre apacible, ya que se llevaban bien en pareja, sin que existieran entre ellos malentendidos ni causas de descontento. No tenían nada que reprocharse uno al otro. A la una volvía de su trabajo sin estar particularmente cansado porque lo que tenía que hacer no era exigente ni de una naturaleza tal como para comprometer mucho su responsabilidad: era Jefe de Sección en una gran tienda de la Währingerstrasse de un rango más bien intermedio en su ramo. Almorzaban cosas simples y bien hechas junto a los niños que eran bien educados y lindos. El varón hablaba de la escuela, la madre del paseo que había hecho con la más pequeña antes de ir a buscar al primogénito y el padre pasaba revista a los pequeños acontecimientos matutinos ocurridos en la tienda, las

---

* En la Viena de comienzos del siglo XX, Arthur Schnitzler fue un autor leído y recomendado por Freud. El texto que sigue, del año 1927, fue publicado en *Vertex, Revista argentina de Psiquiatría*, volumen 4, Nº 12, junio-julio-agosto de 1993, p. 133, con una excelente introducción de Juan Carlos Stagnaro.

nuevas colecciones, las novedades de Brünn, comentaba la pereza notoria del jefe que no llegaba casi nunca antes de mediodía, de tal o cual cliente que le había parecido gracioso, o de otro muy elegante que había ido a parar, Dios sabe cómo, a esa tienda de barrio y que lo había tratado inicialmente con altanería para finalmente quedar extasiado ante una corbata vulgar; daba noticias de la Srta. Elly que había encontrado, una vez más, un adorador, aunque él no tenía por qué entrometerse ya que ella trabajaba en la sección de zapatería para damas.

Luego se recostaba una escasa media hora y echaba una ojeada al diario. A las dos y media estaba nuevamente en su puesto y entonces tenía mucho que hacer, en particular entre las cuatro y las seis, horas en las que se podía consagrar enteramente a los clientes. Mientras tanto en la casa todo transcurría normalmente, su mujer paseaba a los niños o bien su cuñada casada pasaba a visitarlos o bien lo hacía su madre, quién a veces estaba aún allí cuando él volvía.

A eso de las ocho se sentaban a la mesa mientras que los niños ya estaban en la cama. Sábado por medio iban al teatro, tercera galería, tercera o cuarta fila; él prefería la opereta pero de vez en cuando podían elegir una pieza seria y en ese caso terminaban la velada en un pequeño restaurante. Mientras tanto, los niños estaban bien cuidados por la Sra. Wilhem, la esposa del médico que vivía en el primer piso, quien no habiendo tenido hijos estaba encantada de cuidarlos hasta el retorno de sus padres.

Precisamente esa tarde, sábado de Pascua, los Huber habían ido al teatro y luego habían cenado en su restaurante habitual y en el momento de acostarse el marido se había mostrado de tan buen humor que Anna terminó por decir que la debía confundir con la Sra. Constantin quien tanto le había gustado en el rol principal.

A la mañana siguiente, como todos los domingos, él partió para hacer su pequeño paseo, tomó el tranvía hasta Sievering, subió a pie hasta Dreimarskstein adonde encontró a un conocido con quién se quedó un rato charlando del tiempo, y luego bajó solo en dirección a Neuwaldegg. Atravesó el pequeño puente, como lo había hecho cientos de veces y desembocó en el gran parque con sus grupos de árboles magníficos que había visto Dios sabe cuántas veces. Fue en ese momento que su mirada encontró por azar un pequeño cartel hecho con una tablita clavada en un árbol, en el que en una escritura de trazo casi infantil podía leerse la palabra "Parque". No recordaba haber visto ese cartel anteriormente. El efecto era nuevo pero enseguida pensó: siempre estuvo allí, se nota que la tablita está vieja. Parque. Naturalmente que era un parque, nadie podía dudarlo, el parque Schwartzenberg, dominio privado perteneciente a los príncipes de Bohemia, abierto al público desde hacía décadas. Sin embargo, no habían puesto parque Schwartzenberg o dominio privado sino simplemente y curiosamente: Parque. Se veía bien que era un parque, nadie podía dudarlo. Si bien no se distinguía mucho de la campiña vecina, no estaba delimitado, no tenía entrada principal, ni estaba sometido a reglamentos particulares, uno encontraba bosques y prados, caminos y bancos por lo que ese pequeño cartel con la palabra "Parque" escrita en él era más bien superfluo. Pero por otro lado debía tener su razón de existir. Quizás había gente que no estuviera tan segura como él de que se trataba de un parque. Quizá creían encontrarse con un bosque como tantos otros al borde de un prado, como los bosques y prados que acababan de atravesar descendiendo de la colina. Evidentemente era conveniente recordarles a esas personas que se trataba de un parque. Un bello parque, magnífico parque. Si no hubiera existido ese cartel clavado al árbol algunos hubieran podido creer que era el paraíso. Ja, ja, el paraíso. Y quizás alguien se hubiera comportado en consecuencia... Alguien que se hubiese sacado la ropa y causado con ello un escándalo. ¿Cómo podía saber —habría dicho luego en la comisaría— que no era el paraíso sino un parque? Y bien, ahora, tal cosa no era posible. Habían sido muy razonables al colocar ese cartel. En ese momento se cruzó con una pareja, los dos ya no muy jóvenes y más bien gordos, y se echó a reír tan alto y tan fuerte que los otros tuvieron miedo y lo miraron azorados.

Como no era tarde se sentó en un banco. Efectivamente, se trataba bien de un banco, con toda seguridad era un banco aún cuando no tenía escrito nada sobre él. Y el estanque, que estaba un poco más lejos y conocía bien, era seguramente un estanque —o una gran charca— o un pequeño lago o un mar, bueno, todo dependía de la manera de verlo, para un insecto era sin duda un océano. Para los insectos, en particular, hubiera sido bueno poner también allí, un cartel: estanque. Pero para los insectos no era justamente un estanque sin contar con que, además, no saben leer. En fin quién sabe, si se lo piensa bien, sabemos tan poco sobre los insectos. En ese momento había uno que zumbaba muy cerca. Era mediodía. Tenía un medio día de vida, cincuenta años podría decirse... a su escala, puesto que esos insectos de agua vivían un día y que para el atardecer ese ya estaría muerto. Quizás estaba festejando su cumpleaños y los otros moscardones que zumbaban en torno a él lo felicitaban. Un festejo al que le tocaba asistir. Tuvo la impresión de estar sentado allí desde hacía mucho tiempo y miró su reloj. No hacía más que tres minutos. Bien, era un reloj, ninguna duda al respecto, aún cuando no tuviera grabado en la tapa que lo fuera. Pero no podía ocurrir que estuviera soñando. En ese caso no había reloj, él estaba acostado en su cama y soñaba y el insecto también era sólo un sueño.

Dos muchachos pasaron por el camino. ¿Era de él que se reían? ¿De sus pensamientos idiotas? Pero si no podían conocerlos. En fin..., no era tan seguro que no pudieran. Hay gente que lee el pensamiento. Era muy posible que el que llevaba anteojos con montura de carey hubiera sabido muy precisamente lo que él tenía en ese momento en mente y que ello lo hubiera hecho reír. El asunto que quedaba por dilucidar era si ese jovencito con anteojos de carey había tenido razón para reírse. Porque podía ser que todo ello fuera verdaderamente un sueño y en ese caso él habría soñado también la risa del otro.

Se dio una brusca patada y como si fuera suficiente se pellizcó la nariz. Sentía perfectamente lo que se hacía y eso le pareció una prueba suficiente de su estado de vigilia. Si bien era cierto que todo ello no era absolutamente convincente ya que podía haber soñado también la patada y el pellizco en la nariz. Pero decidió conformarse por hoy.

Tomó el camino de regreso, a la una lo esperaba el almuerzo. Se sentía extrañadamente liviano, casi corría, planeaba, y no solamente en el sentido figurado del término. Siempre había una fracción de segundo en la que ninguno de sus pies tocaba el suelo.

Subió al tranvía que corría aún más rápido que él; misteriosa esa fuerza eléctrica. Era la una y media. El insecto festejaba su quincuagésimo quinto cumpleaños. Las casas desfilaban a ambos lados a toda velocidad. Bien, ahora debía cambiar de tranvía. Sabía perfectamente que debía descender en esa parada. Qué extraño el saber todas esas cosas. ¿Y si se había olvidado que vivía en la Andreasgasse? 14, Andreasgasse, segundo piso, puerta 12. Absolutamente. Todas las cosas como esas que pueden guardarse en el cerebro. También sabía que tenía la intención de estar en la tienda al día siguiente a las ocho de la mañana, que veía ante sí las corbatas, cada modelo de ellas. Aquí la rayada azul y roja, aquí la de lunares y aquí la de tonos beige. Las veía todas y también veía el cartel sobre la sección: corbatas. Era finalmente juicioso el cartel del árbol: Parque. Todo el mundo no tenía su presencia de ánimo ni su capacidad para saber de una ojeada, sin problemas, que eso es un parque y esto una corbata.

Había llegado ante su puerta. No recordaba haber descendido del tranvía, ni haber caminado en la calle, ni haber franqueado el portal, ni haber subido la escalera. A lo mejor había volado. Se sentaron a la mesa. Eso era la sopera, eso los platos, cucharas, tenedores, cuchillos. Sabía exactamente cada una de esas cosas. Para él no había necesidad de escribirlas. Observó los objetos que lo rodeaban con cuidado. Todo estaba en regla. Y entonces contó la historia del insecto que festejaba sus cincuenta años. El insecto ofrecía un party. La palabra flotó en el aire. En su vida la había empleado. ¿De dónde venía esa palabra? ¿Adónde se iba?

A la tarde intentó vanamente dormir siesta. Se había recostado en el diván del comedor y estaba solo. Tomó su block de notas. Se trataba bien de su block y no de su billetera ni de su estuche de cigarros. Escribió "cómoda" en la primera hoja; en otra, "armario"; en otra, "cama"; y en otra, "sillón". Tuvo que corregirse varias veces y luego fijó las hojas sobre la cómoda y el armario, entró con precaución en el dormitorio en el que su mujer hacía la siesta y con una chinche fijó el cartelito cama. Salió de la casa sin esperar que ella se despertara. Fue al café y leyó su periódico, o más bien lo intentó. Todo lo que veía impreso en él le parecía perturbador y tranquilizador. Se encontraban nombres y designaciones que no dejaban lugar a dudas. Pero las cosas a las cuales esas palabras se referían estaban lejos. Era absolutamente sorprendente pensar que existía una relación entre esa palabra impresa Teatro Josephstadt, por ejemplo, y el edificio del mismo que se encontraba en una calle alejada de aquí. Leyó los nombres del reparto. Por ejemplo, Dubonet, abogado —Sr. Meyer—. Ese señor Dubonet —y esto era lo más sorprendente de todo— no existía.

Alguien lo había inventado, pero por eso no impedía que su nombre estuviera impreso allí. En revancha, el Sr. Meyer que representaba a Dubonet existía perfectamente, y quizás lo había cruzado en la calle sin sospechar que se trataba del Sr. Meyer porque no llevaba un cartel cuando salía a pasear. Todos los días cruzaba así a cientos de personas sin tener la menor idea del lugar del cual venían, a dónde iban, sus nombres y podía muy bien ocurrir que una u otra de ellas apenas doblara la esquina cayese muerta víctima de un ataque. Sin duda sería al día siguiente que saldría en el diario que el señor Muller o algún otro había muerto súbitamente; pero él, el Sr. Huber, en la ocurrencia, no sabría jamás que lo había visto cinco minutos antes de su muerte. Terremoto en San Francisco. También estaba eso en el diario. Pero además de ese terremoto del diario había otro, el verdadero. Su mirada recayó luego sobre anuncios y programas. Algunos comercios citados le eran conocidos. Uno que otro anuncio hacía surgir al mismo tiempo que su texto la imagen de un edificio en el que él sabía o suponía que se encontraba la firma mencionada. Pero otras quedaban muertas. No veía más que letras impresas.

Levantó la mirada. La Srta. Magdalena estaba sentada a la caja. Ella se llamaba así. Un nombre poco frecuente para una cajera de café. No lo conocía sino por haberlo escuchado a los mozos, y nunca le había dirigido la palabra. Ella estaba sentada allí, más bien gorda, ya no tan joven y perpetuamente ocupada. El nunca le había prestado atención, ni una sola vez. Y he aquí que ahora, porque el azar había hecho que la mirara, ella pasaba a primer plano delante de los demás. Había mucha gente en el café, sesenta, ochenta o quizás cien personas. Entre ellos, dos o tres, a lo sumo, a quienes conocía el nombre. Incomprensible que esta cajera, parecida a otras cajeras se hubiera convertido de golpe en la persona más importante del lugar. Simplemente porque él la miraba. De todos los demás ignoraba todo. Todos sombras. También su mujer, sus niños, todos eran como nada en comparación con la Srta. Magdalena. Sólo restaba decidir qué etiqueta convenía pegarle. ¿Magdalena?, ¿señorita Magdalena?, ¿o cajera? Imposible salir de ese café antes de haber encontrado la denominación correcta. Era tranquilizador saber que afuera, en un cartel, la palabra "parque" estaba escrita en todas sus letras. La misma campiña en la que se había paseado esa mañana había desaparecido enteramente como detrás de una cortina. No existía más. Hacía bien pensar en ese cartel de madera. Parque.

Mientras tanto había terminado de tomar su café. El mozo retiró la taza con su platito y el vaso de agua. No había ante él otra cosa que el mármol blanco de la mesa. Espontáneamente tomó su lápiz y escribió en grandes letras: mesa. Esto también lo alivió un poco, pero ¡pensar todo lo que le quedaba por hacer!

De regreso a casa, se percató de que habían quitado todos los carteles que había fijado sobre los muebles. Su mujer le preguntó qué le había pasado. Sintió que valía más no confiarle nada por el momento y le dijo que era una broma. Pero una broma útil ¿no?, era necesario habituar tempranamente a los niños a saber el nombre que debe llevar toda cosa o persona. Con el desorden increíble que reina en el mundo nadie se ubica.

A la tarde tuvo la visita de la suegra acompañada de la cuñada casada. Mientras ellas bebían su café en el salón con su mujer él aprovechó para escribir unos papelitos, suegra, cuñada y pegarlos a sus abrigos. Ellas no lo notaron al irse.

A la mañana siguiente antes de ir a la escuela les toca el turno a las vestimentas de su hijo y de su hija.

En la tienda pide ser recibido por el director y le hace algunas propuestas: hay que fijar etiquetas en todos lados, por ejemplo, sobre las corbatas e incluso indicar en ellas los colores. Corbata gris, roja, hay daltónicos. Insiste para que igualmente las vendedoras tengan su insignia.

Vuelve a casa, se enoja porque de nuevo sacaron las hojitas con los nombres. Los niños vuelven de la escuela, se calma al ver que, por una u otra razón, les han dejado las suyas.

Entre tanto su mujer ha prevenido al médico. Cuando éste llega el enfermo va a su encuentro con un papel en su pecho en el que ha escrito con letras mayúsculas: YO.

Para una lógica de la mirada.
Un hombre normal*

Isidoro Vegh

Normal, discurría su vida entre el trabajo, la casa y los paseos.

En el hogar, charlas apacibles, sin malentendidos, decían de una relación sin sobresaltos con su mujer y sus niños.

En el trabajo, del cual regresaba sin mayor cansancio, no era mucho lo que le pedían, persistía en ese tranquilo clima apenas interrumpido en algunos horarios por una frecuencia mayor de la clientela, nada inesperada, más bien habitual.

De los paseos, un acuerdo oportuno con los vecinos le otorgaba quincenalmente la visa a una salida sin los niños que quedaban en seguro resguardo.

Así discurría la vida, cada cosa en un sentido prefijado que ofrecía un mundo sin contratiempos ni sorpresas.

En un paseo más de cien veces reiterado por un conocido parque, inesperadamente sus ojos encuentran un letrero pegado a un árbol, que en letras de niño escribe PARQUE.

¿Cuál es su sentido, quién podría ignorar que es un parque?

Irrumpe un exceso en el ordenado mundo de su cotidiana existencia.

---

* Comentario al cuento de Arthur Schnitzler "Yo". Escrito en 1927 y publicado por primera vez en 1968 en Ficher-Almanach bajo el título de "Novellette". Ver el texto titulado "Yo" en este libro y la información sobre el autor y su texto en nota al pie del título. Ver pp. 116/117 de este libro.

De ahí, una cascada in-crescendo lo lleva a preguntarse por el estanque que reposa enfrente, cómo lo verán los insectos que en él danzan su vida breve.

Para ellos valdría un cartel como éste. Pero no saben leer.

Extrañado, el recuerdo de su domicilio lo sorprende: podría ignorarlo.

¿Qué sucede en el enhebrado universo del señor Huber?: irrumpió un plus al sabido orden que interroga cada uno de los valores consagrados en la relación sin malentendidos de las palabras y las cosas.

Ahora hay cosas, personas, cuyo nombre ignora, que podrían morir a la vuelta de la esquina sin que él jamás se enterase.

O leer su nombre en el diario, sin saber que es aquella que cruzó en la calle hace unas horas.

Hay nombres de comercios en los diarios que recuerdan edificios. Pero otros no son más que letras.

¿No convendría que las cosas portaran escrito, para asegurarlo, su nombre?

Un nombre para cada cosa, surge como reclamo imperioso de un mundo que arriesga su existencia deslizando a lo impensable: tiene que pellizcarse la nariz, dar un golpe con el pie para obtener la tranquilidad de un indicio de vigilia: ¿qué asegura que no fuera un sueño?

Separado del confort del sentido asegurado, se desvanece la trama de las preeminencias, todo se iguala en una presencia sin valores: una desconocida cajera, de nombre apenas oído al azar es más importante que su mujer o su hija. Un orden se deshace y arriesga al sujeto a su desorden.

Precavido, pega etiquetas en las ropas de su madre y de su hermana, en los atuendos escolares de sus niños, en cada uno de sus familiares.

El cuento culmina cuando en su pecho escribe "Yo".

Última etiqueta, tal vez antes del derrumbe de una instancia que es también un pronombre.

Articulador del sujeto a la palabra, su pérdida lo dejaría a la deriva en un mundo sin señales ni letreros, en la indiferencia de los lugares, en la ignorancia de los lazos.

La paradoja que el cuento subraya: la irrupción catastrófica de un sin sentido que emerge en un mundo de sentido, sin malentendidos ni sorpresas, un mundo de equilibrio imaginario impermeable a los equívocos y al encuentro de lo real.

Una topología se ofrece que ubica en la misma superficie el sentido de un mundo y el acuerdo impensado de la lengua y el referente.

La ausencia de malentendidos se muestra paralela a la equilibrada distribución, sin conflictos, del mundo familiar y laboral, de la rutina cotidiana y el paréntesis pautado del ocio.

Superficie continua dispone a la creencia de armonía del *Umwelt* y el *Innenwelt*.

La irrupción del extraño cartel, sin lugar en ese mundo sensato, descalabra los acuerdos, introduce una ruptura amenazante.

El letrero final, "Yo", puesto en el pecho del protagonista, nos sugiere que esa superficie es la de su cuerpo, necesitado ahora, de un complemento: el nombre que garantice su continuidad.

El yo es sobre todo una esencia-cuerpo; no es sólo una esencia superficie, sino, él mismo, la proyección de una superficie[1].

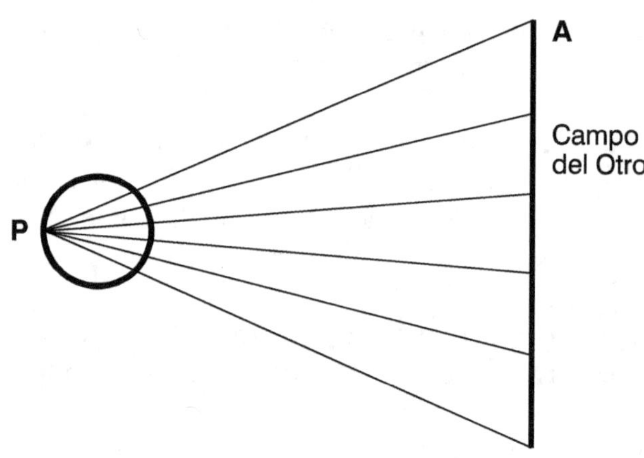

---

1. Sigmund Freud, "El yo y el ello (1923-1925)", en: *Obras Completas*, Amorrortu, Buenos Aires, 1979, p. 27.

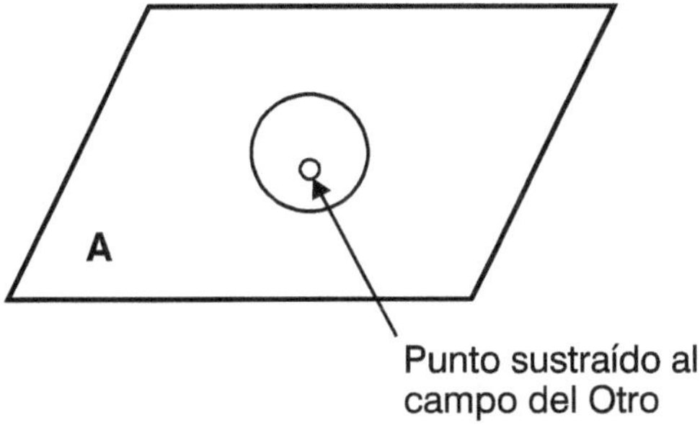

Proyección de una superficie en otra, es el encuentro de la imagen corporal en el campo del Otro, de la superficie que el Otro ve, internalizada por el sujeto.

Si se proyecta una esfera en un plano, todos los puntos de la esfera, salvo el punto P, pasarán al plano. El punto P se proyecta al infinito.

Si la esfera representa la superficie corporal y el plano el campo-espejo del Otro, la garantía de la imagen yoica es que un punto se sustraiga al espejo del Otro. No especularizable, ausente al mundo que el Otro sanciona, garantiza al sujeto con un resto, barrera al anonadamiento en el sentido del Otro.

Si en cambio el sujeto no llegó a constituirlo, su yo, igualado al sentido del Otro, no soporta sin desgarro la irrupción de un sin-sentido.

Este punto P es el que Lacan nombra objeto "a": objeto de la pulsión, es la suerte del humano para ir más allá del principio del placer; objeto causa del deseo desacuerda la serie de las demandas familiares, laborales, recreativas con la presencia de un goce inesperado.

Resto que escapa a los pactos consagrados, cuota de goce, se instituye como producto que garantiza en cada vuelta de la vida la apertura de la superficie del Otro y la existencia del sujeto.

La otra solución es la que ofrecería un Otro soñado que devolviera al yo el certificado de autenticidad que asegurara su permanencia y su mundo al precio inexorable de la sumisión a sus valores.

¿1927 no es acaso el umbral de esta variante en la resquebrajada extensión de la Mittel Europa?

Sustracción de goce al campo del Otro, es operación instituyente. Se obtiene en cambio de un pago, que acepta perdido para siempre el goce incestuoso, goce del Otro.

Valor ético de una operación que la historia del relato y de los pueblos muestra en el precio de horror que sustituye a su eficacia.

Hay amores que matan*

Silvia Cabanas

Con este escrito intento transmitir mi experiencia en el trabajo con familias de pacientes esquizofrénicos. La misma se halla encuadrada dentro del dispositivo descripto por Laura D'Agostino en su artículo "Fundamentos de la práctica en Hospital de Día".

Nuestra modalidad es reunir a cada familia sin la inclusión del paciente, pues cuando lo hemos hecho la mayoría de las veces fuimos verdaderos testigos del goce que su familia hace de él.

De todas formas, en algunas entrevistas podemos incluirlo si lo consideramos necesario.

Además, el terapeuta que toma las entrevistas familiares no es el mismo que tiene a cargo las individuales con el paciente, generando de esta forma un espacio propio para éste, arrasado por estructura, y evitando que las alianzas que pretenda la familia perjudiquen el curso del tratamiento individual.

Uno de los objetivos de estas entrevistas es el diagnóstico. En las de admisión, investigar y rastrear si hubo o no constitución de un sujeto, esto es, alienado a los significantes del Otro. Qué lugar ocupó y sigue ocupando en la fantasía de ese Otro y si hubo un discurso que lo separara del goce inmediato del cuerpo de aquel y posibilitando el corte.

Las frases que siguen las dijo el padre de M.B. y en ellas podemos escuchar que no tuvo palabras para donarle a su hijo:

"El me molestó siempre las cosas".

---

* Trabajo presentado en la Jornada del Seminario de Locura y Psicosis realizada el 9/1/93, en el Hospital Manuel Belgrano, Buenos Aires.

"Me molesta darle las cosas mías".

"Nunca tuve tiempo de tener trato con él".

"Más bien yo lo apartaba".

"Nunca le vi nada brillante".

Otro aparte decía: "Hablaba con la madre, a mí me tenía como lejano".

Las distintas instancias del tratamiento en Hospital de Día apuntan y apuestan a que el paciente tenga ganas de hacer alguna cosa y que esto sea realizable. Apelamos a esto ya que no podemos hablar del advenimiento de un sujeto en este tipo de estructuras, las psicosis. Si bien es difícil pensar que estas familias puedan situarse en la misma dirección que nosotros, al menos lo intentamos. Este sería otro de los objetivos de las entrevistas. En algunos casos damos indicaciones concretas de qué hacer o decir y de qué abstenerse. Siempre dejando aclarado que es nuestra intención ayudarlos para que el peso del problema no recaiga sólo sobre ellos y que sabemos que lo que hacen lo hacen por amor.

Pero como todos saben: "Hay amores que matan". Es por eso que uno no puede evitar en la transferencia el impacto que provoca asistir al discurso en el que se produce el sujeto psicótico. Esto lo supervisamos, nos analizamos.

Intentamos desculpabilizarnos para que no se vuelvan en contra, boicoteen el tratamiento y, en el peor de los casos, lo abandonen. Cada familia requiere, por supuesto, intervenciones diferentes.

Tomemos el caso de R. Se ve claramente que ella es una parte de la madre, algo de ella, para ser chupado, sin posibilidad de separación y diferenciación. "Vengo con el chupete", dice la madre refiriéndose a que su hija, R., no puede estar ni ser separada de su madre. Cuando le pregunto a esta señora: "¿usted qué piensa?". R. dice que le hicieron un mal. Responde: "¡no puede ser, si está conmigo!".

En este caso, las intervenciones apuntan a la diferenciación en lo real. Cuando la hija se quiere sentar en la silla de la madre les digo que son dos personas distintas y que ocupe otra silla para estar más cómoda.

¿Pero qué le damos a cambio? A cambio del chupete digo, ¿habría que encontrarles un goce alternativo?

Como se ve, este es todo un tema para seguir investigando. En el siguiente caso ocurre algo similar: cuando G.L. entra al taller de expresión corporal, la madre carga con las carteras y camperas de ambas. Le digo que deje que su hija lleve lo suyo así ella no tiene que estar tan cargada.

Esta misma madre duerme con la hija en la misma cama (de una plaza) como si fuera lo más normal del mundo, como si la prohibición del incesto no existiese, de hecho no existe para ellas.

Si bien la condición económica y habitacional en que viven es pésima, le digo que de algún lado se consiga un colchón porque no tienen que dormir juntas y agrego, a manera de comentario, que normalmente los hijos no duermen con sus padres y lo tomo como indicación y condición de tratamiento. Sosteniéndome en el orden simbólico enunciado desde el tratamiento, intento propiciar un corte en lo real. En este caso, la madre no se pregunta nada y dice no tener que hablar con nosotros pues ella no está enferma. En realidad quiere conseguir que le hagamos un certificado de incapacidad de su hija para cobrar una pensión.

Los padres de M.C. acceden amablemente a tener entrevistas. Las intervenciones son hacia el lugar desde el cual la madre habla de todo con él, opina e interpreta todo lo que dice, quedando éste sometido a las palabras de su madre. Además lo mira y no lo deja de mirar. Ella le dice: "Yo te presto atención todo el tiempo, sé lo que está tocando en la guitarra aunque esté haciendo otra cosa".

Esta madre sostiene que esto lo hace porque M. es inseguro. Le pregunto si no será al revés, que él es inseguro porque ella le está detrás. El padre lo descalifica constantemente. Me pregunta si yo lo escuché cantar a M. y si tiene oído. Le digo que sí y que además canta muy bien, opinión que comparto con el profesor de música. Les aclaro que yo participo en el taller de música como analista acompañante. A continuación dice: "para mí canta como un perro". Le digo: "dígame, ¿usted tiene oído?".

Pasados varios meses, sorpresivamente me encuentro diciéndole que a mí me gusta cantar y que estuve en un escenario. Por el cual este señor se muestra muy curioso y quiere saber si canto bien y si toco algún instrumento.

Yo le respondo: y si le dijera que canto bien, ¿usted me creería?

Lo dejé con la intriga. Quizás esto le haga preguntarse algo.

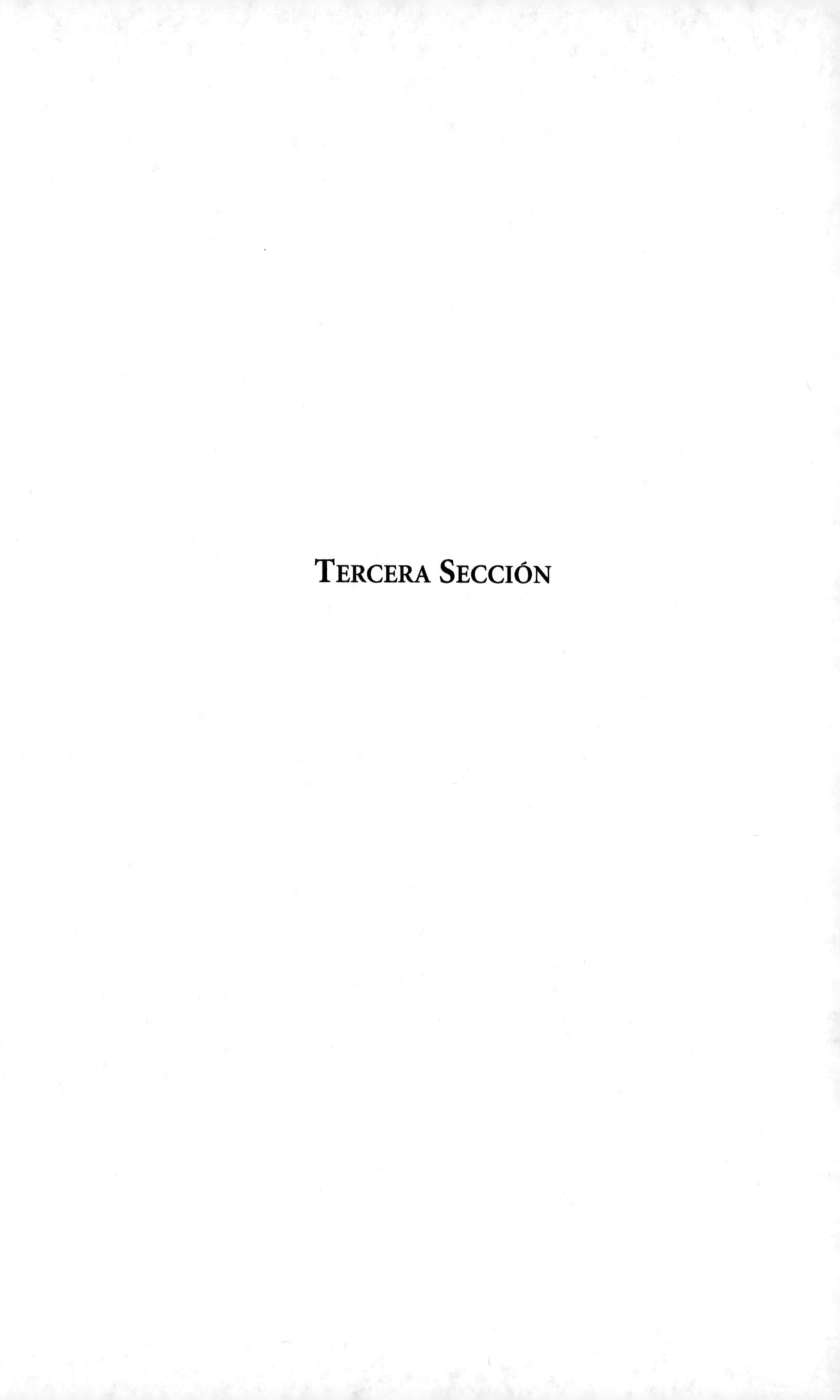

TERCERA SECCIÓN

Homosexualidad y Psicosis*

José Fernández Tuñón

La Rochefoucauld nos recuerda: "Hay matrimonios buenos, hay matrimonios malos, lo que no hay es matrimonios deliciosos". Sexualidad y Psicosis no hacen una pareja ni siquiera buena, o por lo menos sabemos poco acerca de cómo es su vida en común.

La clásica articulación entre Homosexualidad y Paranoia hace que olvidemos una pregunta elemental, ¿qué significa la supuesta heterosexualidad en un sujeto psicótico? Si la común medida que la castración impone no interpone la pantalla del fantasma entre el psicótico y su partenaire, ¿cómo se produce el encuentro? Lacan elípticamente lo menciona bajo el enunciado de que sólo en la Psicosis existe la relación sexual.

El psicoanálisis, en sus diferentes ordenamientos doctrinarios, intentó dar respuestas que han quedado reducidas a axiomas. A la paranoia como defensa frente a la homosexualidad le sucede la inversión kleiniana: "La homosexualidad como defensa frente a la paranoia". Lacan agrega el "empuje a la mujer" como articulación lógica de sus formalizaciones sobre la sexuación.

Sin embargo, los hechos suelen ser testarudos y la clínica en su heterogeneidad no se ilumina totalmente desde estos enunciados. Allí encontramos, simultáneamente, homosexualidad manifiesta y delirios que problematizan las relaciones de defensa entre una y otra, del mismo modo que el transexualismo es sólo una de las formas en

---

* Texto presentado en la Jornada realizada en diciembre de 1993 en el Hospital de Día, servicio de Salud Mental "Gral. Manuel Belgrano".

que en la clínica de la psicosis encontramos esta sexualidad en relación al semejante.

Los modos en que la homosexualidad se hace presente tienen el amplio abanico que va desde la alucinación (auditiva) que la denuncia, las miradas acusatorias que la señalan, las actuaciones que recorren la escala que va desde su ostentación desafiante hasta la pudorosa privacidad. Vociferante o en susurros, la homosexualidad es un acompañante frecuente en la psicosis, que en sus ropajes es muy difícil de ordenar según su sola apariencia. La feminización que allí se ofrece es difícil de reducir a las defensas o a transexualismo.

Antes de Freud, en la psiquiatría, las alteraciones de las conductas sexuales en la Psicosis se ordenaban como un fenómeno más que evidenciaba lo deficitario de la colección de sus síntomas también en el plano sexual.

Quizá su punto más alto sea con Krafft Ebbing en su *Psicopathía Sexualis*[1], de 1895, que ordena entre homosexualidad y paranoia toda una serie de patologías de transición que culmina en la metamorfosis sexual paranoica.

En Freud, la relación paranoia-homosexualidad pasiva reprimida es muy temprana, sus cartas a Jung y a Ferenczi en 1908 requiriéndoles su opinión sobre el tema lo testimonian.

Sólo tres años más tarde, con Schreber, lo va a exponer como eje de la paranoia.

En todas sus referencias posteriores:

1) "Un caso de Paranoia contrario a la Teoría Psicoanalítica" (1915).
2) "Conferencia 26: La teoría de la libido y el Narcisismo" (1916/1917).
3) "Sobre algunos mecanismos neuróticos en los celos, la paranoia y la homosexualidad" (1922).[2]

---

1. Richard von Krafft-Ebing, "Psycopathía Sexualis", en: *La Psychiatrie*, Larousse, Paris, 1994.
2. Sigmund Freud, "Sobre algunos mecanismos neuróticos en los celos, la paranoia y la homosexualidad", en: *Obras Completas, volumen XVIII*, Amorrortu, Buenos Aires, 1979, p. 213.

No va a modificar esta posición.

La fantasía optativa homosexual que bajo la forma de "ser una mujer en el momento del coito" indigna inicialmente a Schreber, Freud la localiza en el centro del Complejo de Edipo. "Así pues, también en el caso de Schreber nos encontramos en el terreno familiar del complejo del padre".[3]

La fantasía según nota al pie es tan sólo una de las formas típicas del complejo nodular infantil.

La paranoia es sólo una defensa contra esta fantasía optativa homosexual. El nódulo de conflicto traducido en la frase imposible "yo lo amo", con las contradicciones operando sobre el sujeto, sobre el verbo, sobre el complemento, o toda la frase, determina los diferentes tipos de delirios; persecutorio, erotomaníaco, celotípico, megalomaníaco.

En Schreber[4] la homosexualidad es posible de acuerdo a dos modelos diferentes:

1) Dentro del Complejo de Edipo, como resultado de la posición pasiva femenina del padre (Capítulo 2).
2) Dentro de su Teoría de la Libido y el Narcisismo (Capítulo 3). La fijación va a determinar un retroceso desde la Homosexualidad sublimada hasta el narcisismo (elección de genitales iguales a los propios).

Que la fantasía optativa homosexual sea dependiente de la posición pasiva femenina en el complejo paterno puede entenderse como una consecuencia de que en este momento teórico todavía no desarrolló el Edipo completo, pero curiosamente, en 1922, en "Algunos mecanismos neuróticos en los celos, la paranoia y la homosexualidad", diferencia la homosexualidad perversa organizada desde la identificación con la madre y la elección narcisista del objeto, al estilo de la homosexualidad de Leonardo, donde la fijación a la madre es lo

---

3. Sigmund Freud, "Puntualizaciones psicoanalíticas sobre un caso de paranoia (Dementia paranoides) descrito autobiográficamente", en: *Obras Completas, volumen XII*, Amorrortu, Buenos Aires, 1979, p. 1.
4. Ibídem.

que condiciona su vuelta a ella en una identificación que lo lanza a la búsqueda de objetos para amarlos como su madre lo amó a él.

Por otro lado, la homosexualidad en la paranoia está en relación al padre. Al mismo tiempo escribe "Neurosis Demoníaca en el siglo XVII" (1923). Esta articulación con el padre no permitiría separar a Schreber de Haiztman; retoma la neurosis desde la misma posición pasiva femenina que doce años antes señaló Schreber, avatar de este forcejeo contra la castración que se ordena en un tiempo inicial de rebeldía que le hace enfermar y su posterior "curación", al deponer su resistencia y aceptar su papel femenino. Normalidad sólo interrumpida por las horas destinadas al cuidado de su femineidad. Aparentemente la homosexualidad en la perversión está relacionada con el complejo materno, en cambio, en la neurosis y en la psicosis, está relacionada con el complejo paterno.

Cuatro años más tarde nos muestra la efectividad de su argumento explicando cómo sólo aparentemente un caso de paranoia tiene un perseguidor del sexo contrario (con la particularidad del avance de la mujer al hombre como objeto, y su regresión por la fijación).

En la "Conferencia 26", a la elección homosexual de objeto la ubica más cerca del narcisismo que la heterosexualidad.

Schreber, entonces, ofrece para Freud las dos vertientes posibles de transexualidad y feminización (el amor al padre feminiza).

Además, recordemos la relación amorosa de Schreber con su mujer, filía, amistad, determinada desde una relación de espejo a espejo, relación semejante a través de la rejilla imaginaria.

Esta *impasse* freudiana sobre la feminización que el amor al padre produce es necesario articularla con desarrollos posteriores, tarea que es posible leer en Freud a pesar que él no lo explícita, me refiero a la identificación primordial que plantea en *Psicología de las Masas* (1921) y *El Yo y el Ello* (1923) retomando lo que ya siete años enunció en su gran mito *Tótem y Tabú* (1923), en *Síntesis de las neurosis de transferencia* (1915) y años más tarde en el *Moisés y la religión monoteísta* (1939).

Después de Freud, el kleinismo invierte la relación homosexualidad-paranoia al desplazar al terreno de lo pre-edípico la causa determinante.

Un lúcido exponente como Rosenfeld, en un interesante artículo: "Observaciones sobre la relación entre homosexualidad masculina y la paranoia, ansiedad-paranoide y narcisismo" (1949), incluido en su libro *Estados Psicóticos*, analiza casos de homosexualidad manifiesta y latente a partir de las ansiedades paranoides tempranas frente a las cuales la homosexualidad es una defensa.

La fijación temprana oral en la posición paranoide determina la naturaleza secundaria y defensiva de la homosexualidad; la atracción hacia el padre idealizado tiene el fin de evitar el perseguidor, a quien se aplaca por coito homosexual.

Tipo narcisista de homosexualidad por identificación proyectiva.

Al fallar la función defensiva de la homosexualidad se desarrolla la paranoia.

Rosenfeld[5] menciona un trabajo de Pfeiffer sobre la raíz filogenética de la paranoia que remonta a la horda primitiva. Donde se lee "yo lo amo" se debe entender, yo amo a mi padre, como una formación reactiva del estado original: yo odio a mi padre. La homosexualidad oculta el temor al padre.

Es en este post-freudismo que Lacan, en una "Cuestión Preliminar"[6], elogia la posición de Macalpine de no tomar el cliché de la pulsión homosexual para explicar la paranoia (recordemos que Macalpine y su hijo Hunter hacen la traducción y los primeros comentarios de las memorias de Schreber al inglés), pero al precio de abandonar el Edipo como referencia central a favor de fantasías de procreación pre-edípicas y pregenitales.

Así, en la página 230 afirma: "Su crítica del cliché que se confirma en el factor de la represión de una pulsión homosexual, por lo demás enteramente indefinida, para explicar la psicosis es magistral y lo demuestra a saciedad en el caso mismo de Schreber. La homosexualidad, supuesta determinante de la psicosis paranoica, es propiamente un síntoma articulado en su proceso. Articulado en una lógica

---

5. H. Rosenfeld, "Observaciones sobre la relación entre la homosexualidad masculina y la paranoia, ansiedad paranoide y narcisismo", en: *Estados psicóticos*, Hormé, Buenos Aires, 1988, p. 43.

6. Jacques Lacan, "D'une question préliminaire à tout traitement posible de la psychose", en: *Écrits*, Éditions du Seuil, Paris, 1966, p. 531.

a descifrar en el campo Edípico. Otra sugerencia nos hubiera aclarado con seguridad, pues queda todo por decir, sobre la función de lo que llamamos el Edipo invertido".[7]

Es por deber ser el falo que el paciente estará abocado a convertirse en mujer: "A falta de poder ser el falo que falta a la madre le queda la solución de ser la mujer que falta a los hombres".[8]

"Interpretar puede acarrear daños graves si no se ilumina por medio de relaciones simbólicas que consideramos aquí como determinantes".[9]

El transexualismo es una restitución imaginaria, que como feminización del sujeto en las coordenadas de la copulación divina, es "indigna de ser comparada con la perversión".

Años más tarde, en *Où pire, Radiofonía, Encore, Non dupes* y *L'Etourdit*[10], plantea las fórmulas de la sexuación en las que, de su lado izquierdo, postula:

$$\exists x \, \overline{\Phi x}$$

la existencia de al menos uno que dice no a la castración; constituye la excepción del universal, que corresponde al padre del mito de *Tótem y Tabú*, padre terrible, orangután, que hace la ley fuera de la ley, y no cae bajo la función de la castración. Es necesario uno que diga no a la castración para que otros digan sí, esa es la articulación con la función del padre; hace falta la excepción para limitar el universo; funda la regla, no la tira abajo por ser contradictoria. Necesidad del padre de *Tótem y Tabú* para fundar el para todo.

Articulación lógica de las fórmulas de la sexuación que determina por falta de eficacia de la metáfora paterna, la no inscripción del significante de NP que le da existencia real a la excepción bajo la forma de "empuje a la mujer" (*pousse a la femme*) que en Schreber

---

7. Ibídem.

8. Ibídem.

9. Ibídem.

10. Jacques Lacan, *Où pire*, Seminario inédito. *Encore, Seminario 20*, Éditions du Seuil, Paris, 1966. *Les non dupes errent*, seminario inédito. "L'Etourdit", en: *Scilicet*, N° 4, Éditions du Seuil, Paris, p. 5. *Radiophonie*, en: *Scilicet*, N° 2/3, Éditions du Seuil, Paris, p. 55.

aparece como ser LA MUJER de Dios; así, en la página 32 de "L'Etourdit"[11], Lacan dice: "Podría aquí, con desarrollar la inscripción, que hice mediante una función hiperbólica, de la psicosis de Schreber, demostrar en ella lo que tiene de sardónico el efecto incita-a-la-mujer que se especifica en el primer cuantor por la irrupción de Un Padre que se precipita"[12].

Sárdonico se debe entender aquí como un rictus entre amenazante y sarcástico. La mujer sin tachar que posibilitaría un nuevo universo de discurso que es el futuro de las criaturas schrebianas.

Retoma a Freud, entonces, en plantear la psicosis como una pendiente hacia el transexualismo, bajo dos formalizaciones. La primera, con la simbolización de la función paterna que da al sujeto la responsabilidad de situarse en relación al falo como hombre o como mujer. El pene sólo es un trozo de carne si no está significado por la metáfora paterna. La psicosis es efecto de feminización por identificación psicótica al falo que le falta a la madre, prueba del éxito es el goce que inunda a Schreber. Imaginariamente, el propio cuerpo como falo, como sujeto y como objeto de contemplación. La segunda formalización es por forclusión de NP, el psicótico se enfrenta a la inexistencia de uno que diga no a la castración (*pousse a la femme*). Volverse mujer es lo que viene en lugar de una imposible elección de sexo en la psicosis; es lógicamente necesario, si hay forclusión no hay elección. Conclusión provisoria: el concepto de feminización es más amplio, el transexualismo es más específico. Una aclaración. El transexualismo, según Stoller[13], debe reunir las siguientes condiciones: el sujeto debe ser anatómicamente normal; debe tener la convicción de ser una mujer o un hombre encerrada/o en un cuerpo de hombre o de mujer; debe demandar la transformación y debe haber falta de clínica de la psicosis. Para C. Millot[14] el transexualismo de Stoller corresponde a una estructura psicótica con una suplencia del NP que lleva a demandar en lo Real la castración no realizada simbólicamente. La mujer (la que no

11. Jacques Lacan, "L'Etourdit", *op. cit.*

12. Ibídem.

13. Robert Stoller, *Recherches sur l'identité sexuelle*, Gallimard, Paris, 1979.

14. Catherine Millot, *Exsexo. Ensayo sobre el transexualismo*, Paradiso, Point Hors Ligne, Barcelona, 1983.

existe) aparece junto con el Padre Primitivo como una de las formas en que se encarna la excepción cuando no se inscribe como falta. Por esto La mujer es uno de los NP.

¿Cómo hacer propia la recomendación de Macalpine colocando el Edipo y la castración en el centro de la determinación en la psicosis? Un camino es explorar las Identificaciones, el amor al padre y su articulación Edípica.

Tanto Freud como Lacan recién despejan el concepto de Identificación Primordial o Identificación Primaria muy avanzada en su obra. Dos ordenamientos posibles para las Identificaciones:
Uno es diferenciar:

1)   Identificación Primordial.
2)   Identificación Primaria (al Ideal del Yo).
3)   Identificación Secundaria (histérica, al deseo del Otro).

Otro ordenamiento posible (es el que Lacan realiza al final de su obra) puede hacerse tomando:

1)   Identificación Primaria como a lo Real del Otro Real.
2)   Identificación Secundaria, a lo simbólico del Otro Real.
3)   Identificación Histérica, a lo Imaginario de Otro Real.

Esta aparición tardía de la Identificación Primordial es consecuencia de una dificultad estructural para aislar algo que está en la base, como condición de posibilidad de toda eficacia simbólica.

Así, en el Seminario III, pág. 118 decía: "Previa a toda simbolización, esta anterioridad es lógica, no cronológica, hay una etapa, lo demuestran las psicosis, donde puede suceder que la simbolización no se lleve a cabo, algo primordial en lo tocante al ser del sujeto no entra en la simbolización y sea no reprimido sino rechazado".

Freud en *Psicología de las Masas* y en *El Yo y el Ello* habla de una relación directa e inmediata al padre, una identificación primaria; ese amor al padre no tiene que ver con actitud femenina pasiva frente al padre, es masculina por excelencia.

Esta identificación Primordial apunta al ser, no al padre como objeto erótico; es la condición de posibilidad que funda la Identificación

Secundaria (que sí es al padre como objeto), del orden del Ideal del Yo. Esta identificación al padre, directa, inmediata, se hace sobre el modelo oral de devoración, incorporación, *Einver-leibung*; amarlo oralmente es matarlo y comerlo. En *El Yo y el Ello* relaciona al padre de la historia personal con el devorado en *Tótem y Tabú*.

En *Nuevas conferencias* (1931), la descomposición de la personalidad psíquica a propósito del Superyó plantea que tiene como base una identificación comparable a la incorporación oral canibalista. No es del orden del tenerlo, poseerlo; es ser como el padre; el Yo se altera siguiendo el arquetipo del padre.

Identificación de acceso clínico difícil por ser anterior a las identificaciones Edípicas, por estar recubiertas por ellas.

Su falta sólo se ve en la psicosis. Sustancia común con el padre que se evoca en la comida totémica. La pregunta esencial es: ¿cómo pasar del padre histórico al individual de un sujeto particular? Esta identificación no es un momento genético, sino que es estructural. ¿Qué es lo que funciona para nosotros de ese modo? Encontramos un apoyo para esta pregunta en la comunión cristiana, en el cordero pascual, donde es posible pensar algo del orden de la incorporación del padre en su dimensión Real, no Simbólica. La comunión exige la presencia real de la hostia, además de su valor simbólico. Es una identificación a lo Real del padre, jamás asible, masiva, que tiene una pretensión totalizante.

Recordamos la secuencia de *Tótem y Tabú*: 1) un padre todopoderoso, 2) asesinato, 3) instalación de la ley con la prohibición del incesto (no hay reparto de mujeres), 4) retorno del significante paterno en tótem, 5) comida totémica que incorpora el significante paterno haciendo lazo social por la sustancia en común.

El amor al padre es la base del Superyó, por lo tanto de la cultura, la moral, la religión. El padre que priva es el padre amado que se lleva el secreto de su goce a la tumba.

La psicosis es una enfermedad de la identificación que por ausencias de la identificación primordial, por el fracaso de la metáfora paterna, deja al individuo en la búsqueda de su personalidad que no finaliza nunca porque la articulación S-I no se puede hacer.

Para Lacan esta identificación está en suspenso hasta que el Otro primordial puede advenir en Otro barrado, es decir que inicialmente hay un Otro Real (padre real, agente de la castración, real del lenguaje), otro primordial (madre como objeto pulsional) y finalmente un Otro barrado, como tres identificaciones posibles del S con el A.

El modo de plantear aquello que no es simbólico, decible por la palabra, que en la reversión del toro internaliza el baño del lenguaje exterior al sujeto.

Si no se cumple este tiempo, queda como objeto a merced del Otro.

La restitución imaginaria como la que se produce por medio del delirio y la homosexualidad en la psicosis es una suerte de ordalía por la que debe pasar el sujeto cuando la institución imaginaria no tuvo lugar.

En la homosexualidad se rastrea, para la psicosis, esta falla de la identificación primordial del amor al padre, que se muestra en el delirio como respuesta imaginaria al Otro que lo ama o lo odia, respuesta que restituye al individuo como MUJER de Dios al padre que ama u odia.

En Schreber este ser mujer es la respuesta al enigma del Otro, Dios que dice "te amo", estabilización en una identificación faltante al padre primordial que hace tope al goce por falta de mediación fálica.

Creemos posible pensar la Homosexualidad en la psicosis como una restitución imaginaria de esta falla en la dimensión real del padre, una suerte de "llamada" al padre que también cumple alguna forma de nominación, siempre precaria, siempre frágil, pero que puede otorgar algún tipo de filiación para la psicosis.

"Solución" del psicótico cuando intenta suplir la nominación (que Lacan nos recuerda como lo esencial de la función paterna) que siempre es exterior al sujeto y sólo logra formas precarias de darse nombre, que en la clínica señalan que la nominación es algo más que hacerse un nombre.

Sexualidad y Psicosis*

Laura R. D'Agostino

- ¿Es la posición transexual de Schreber singular de ese sujeto psicótico, o se trata de la posición, a veces hasta explicitada por cualquier sujeto que habite esta estructura cuando se ve llevado a ciertos encuentros sexuales?
- ¿Qué es el transexualismo?

Catherine Millot[1], define que en sentido estricto se trata de: "convicción y demanda de transformación".

Dicen los transexuales, que escuchamos no demasiado afectados por los encuentros sexuales: "el transexualismo no es cuestión de sexo, sino de identidad".

La hipótesis de C. Millot, para el síntoma transexual: según la definición anterior, es que la demanda de transformación en lo real del cuerpo, viene a paliar, en lo real, la carencia de la función Nombre del Padre. Desliza hacia una cierta concordancia entre esta demanda y el cuarto nudo que despliega J. Lacan, en relación a su hipótesis de suplencia para el escritor James Joyce.

Vamos a ir mostrando nuestros interrogantes:

- ¿Qué es la identidad sexual?
- ¿Qué es la adquisición de los emblemas del propio sexo?

---

* Reescritura del Trabajo del mismo título presentando en las Jornadas de la Escuela Freudiana de Buenos Aires, Año 1998.

1. Catherine Millot, *Exsexo. Ensayo sobre el transexualismo, op. cit.*

- ¿Qué es quedar ubicado de un lado o de otro de las fórmulas de la sexuación?
- ¿Qué es ubicarse del lado de "los que se dicen hombres", o del "lado de los que se dicen mujeres"?

Debo a una charla amistosa con Silvia Amigo[2] sobre cuestiones de las psicosis, en la que le comentaba mi preocupación por la escritura de un discurso posible para la psicosis[3], que ella a su vez compartiera conmigo esta fórmula que, en el contexto de las fórmulas de la sexuación, se encontraba pensando como escritura también para la psicosis.

Me sirvo de aquel intercambio, lo retomo y comparto con ustedes el derrotero que siguieron mis cavilaciones.

$$\forall x \quad \overline{\Phi x} \qquad \text{(para todo x no Fi de x)}$$

Todo dice no a la castración.
Lleva sobre Φ x, la barra de la negación.

Transcribo la parte superior del cuadro de las fórmulas de la sexuación, tal como las presenta Jacques Lacan en el *Seminario Encore*[4].

Lado hombre	Lado mujer
$\exists x \quad \overline{\Phi x}$	$\overline{\exists x} \quad \overline{\Phi x}$
$\forall x \quad \Phi x$	$\overline{\forall x} \quad \Phi x$

Del lado Hombre, lado izquierdo de las mismas, Lacan sostiene el universal afirmativo —posible— en el particular negativo —necesario—. Para $\forall$ x, Φ x para que todo esté atravesado por la castración, es necesaria la excepción: uno que diga no.

---

2. Los lazos de amistad con Silvia Amigo, ofrecen también fructíferas discusiones sobre nuestras preocupaciones en la clínica.

3. Silvia Amigo, "Acerca de la escritura de un discurso posible para la estructura psicótica", Biblioteca Escuela Freudiana de Buenos Aires.

4. Jacques Lacan, *Encore, Séminaire 20*, Éditions du Seuil, París, 1966.

LADO MASCULINO/LOS QUE SE DICEN HOMBRE

Para $\forall x$, Φx, se sostiene necesariamente en $\exists x$ $\overline{\Phi x}$
Existe al menos uno (que dice no a la castración).

LADO FEMENINO/LAS QUE SE DICEN MUJER

No existe un x, tal que no Fi de x:

$\overline{\exists x}$ $\overline{\Phi x}$
No existe uno que diga no a la castración.

No todo X, está en relación a Φx, función fálica, premisa universal del falo.

$\overline{\forall x}$ Φx

Desde lo real la mujer no es castrable, aún estando en relación al símbolo fálico.
Vuelvo a la propuesta:

$\forall x$ $\overline{\Phi x}$
Para todo x, no Fi de x.
Todo dice no. Todo dice no a la castración.

Es imposible que la barra de negación caiga sobre el cuantor universal y sobre la función al mismo tiempo. Entiendo el planteo por fuera de la escritura de la ubicación de uno u otro lado, sino hacer caer la barra de la negación sobre la función fálica, dejando libre de la misma al cuantor universal.
Dicho de otro modo: teniendo como posible la existencia del todo, negarle la función fálica, a todo el conjunto.[5]

---

5. Sabemos de la imposiblidad lógica del conjunto que no incluyera el conjunto vacío, pero nos servimos de la escritura a fin de indicar la eficacia que sobre la subjetivación del *infans* se produce cuando no se ordenan propiciatoriamente los tiempos de las distintas identificaciones.

Lo propongo solidario, de: No existe uno, que diga no a la castración.

Se perdería por lo tanto la excepción, necesaria lógicamente, para que la función propicie, como dice Lacan, el:

$$\forall x \quad \Phi x$$

¿Es entonces equivalente a decir, el Autre existe?

¿Todo, encarnado en qué, en quienes?

¿Los otros especulares? ¿todo?

Arribo así a la **premisa universal del falo: todo tiene pene.**

Comparto con ustedes los inicios de una investigación:

***Pousse a la femme*, pendiente a la mujer, es propio de las psicosis estabilizadas; ya sea por la vía de la consistencia, solidez del sistema delirante, o bien en el seno de un tratamiento "exitoso". Para la psicosis, el Autre consiste.**

Ofrecerse como objeto, no al deseo del Autre —ya que esto habilitaría la vía del fantasma—, sino al goce del Autre, como anticipé: es propio de las psicosis estabilizadas.

"**Soy exactamente eso** con lo que el Autre goza", podría decir el psicótico.

Obviamente, se pone en evidencia la ausencia de la trama identificatoria que los tres tiempos de la misma tejen lógicamente hacia el final del camino.

Soy eso, retorno que nos ubica nuevamente ante la estructura.

Tiempo distinto al de la errancia del signo, que nos recuerda la metonimia, que no necesita al otro semejante, al partenaire, ni para la conquista, ni para el encuentro, tampoco para la procreación.

Dios se basta a sí mismo.

Me basto solo.

Identificado a Dios: no a la misión para la que Dios me necesita, sino, y justamente, a la ausencia de cualquier necesidad. La identificación a la misión abriría el sistema del delirio.

¿Cabe la posibilidad de proponer el regreso al tiempo estructural propio del autoerotismo?

Decía **Flavia**: "yo que estaba preocupada por la ropa que me tenía que poner para ser linda y atractiva..., pero ¿qué iban a mirar los hombres si tengo pene...?".

Gerardo deja a su novia cuando ésta lo conmina a casarse y formar una familia, vuelve entonces a decir: "...me veo el esqueleto. Estoy loco, loco de amor. Tengo que crecer. Mis músculos van al infinito. Crecer, ser míster Argentina. Tener 300 hijos de todos los colores, con muchas mujeres.

Me veo el esqueleto. En éste mismo momento te puedo manchar con el líquido amniótico".

Graciela, por su parte, comenta en una entrevista:

"—Quiero saber si estoy embarazada.

—*¿Mantuvo relaciones sexuales?*

—No, conmigo misma...

—*¿Cómo?*

—Masturbándome. No creo en los anticonceptivos, Yo soy yo. Tengo 13 años 31.

Tengo marcas en el cuerpo porque soy un muchachito.

Yo me idealizo a los hombres.

El pene no tiene nada que ver.

Yo me dibujo con polleras largas porque las polleras no me gustan.

Yo a veces me miro al espejo y digo: ¿qué soy?, ¿hombre o soy mujer?, yo estoy del lado de las mujeres... Todas las chicas me siguen".

De otro estatuto es el decir de **Lucrecia,** quien había avanzado "notablemente" en su tratamiento a un punto tal que, como sucede tantas veces, se dudó del diagnóstico.

Se había entusiasmado, por ese entonces, con un compañero del Coro al que ella asistía. Compartían ella y su compañero la sensibilidad por el arte, los viajes, el baile. Y, ¡oh, detalle!, también por los hombres. M. de pocos años más que ella, alto, morocho, seductor, en la fiesta de S., bailó con ella como con "ninguna", como hubiera querido —si la ocasión lo hubiera permitido— bailar con "alguno".

De pronto la irrumpió un pensamiento: "Si me elige a mí, sale de la homosexualidad".

Fantasía que se tornaba verosímil a partir de lo real de la anatomía.

La diferencia sexual anatómica organizaba en la elección la identificación.

Inmediatamente, otro pensamiento se apoderó de nuestra paciente: "Si me acuesto con él, ¿qué soy?, ¿hombre o mujer?".

Volvía a diluirse en los brazos que ese Autre le ofrecía.

Disolución imaginaria, el autre (con minúscula) espejo, partenaire, por su posición, más allá de ella, quebraba la identidad. (Recordemos la definición de identidad que tomamos de Leibniz: *idénticos los objetos que pueden intercambiarse, sin que se pierda el valor de verdad*).

Identidad. Puesta en duda para nuestra paciente, si el autre se coloca de un lado o del otro de las fórmulas.

La posición del autre define la identidad del sujeto.

La pregunta es entonces: Si (se)goza: "Qué soy?"

Hay relación sexual. El dos hace uno. El uno que el Autre define.

Propongo que son caminos regredientes a dos lugares distintos.

Ambos, previos a los tiempos tanto del yo ideal como del Ideal del Yo.

Repasemos brevísimamente los primeros recortes.

Flavia: "si tengo pene, ¿qué van a mirar los hombres?"

Gerardo: "300 hijos de todos los colores, con muchas mujeres".

Graciela: "¿estaré embarazada?...Tuve relaciones conmigo misma, me masturbé..."

Dice Freud: "no hay instancia yoica desde el inicio, tiene que constituirse. En cambio los instintos autoeróticos son primordiales".

Detengámonos en los instintos autoeróticos.

En *Tres ensayos para una teoría sexual*[6], en la sección dedicada a la sexualidad infantil, Freud, a continuación de hacer un recorrido por la amnesia infantil, y su posible conexión con la amnesia histérica, en relación a que la primera, también pueda ser referida a las emociones sexuales de la niñez, dice finalmente que "...ésta conexión es de máxima importancia. La amnesia histérica puesta al servicio de la represión, es tan sólo explicable por la circunstancia de que ya el individuo posee un acervo de huellas mnémicas que han sido sustraídas a la disposición consciente y que atraen, por conexión asociativa, aquellos elementos sobre los cuales actúan, desde la conciencia, las fuerzas repelentes de la represión. *Sin la amnesia infantil puede decirse que no existiría la amnesia histérica.*[7] [...] Así la propia niñez queda convertida para cada individuo en una época prehistórica".

---

6. Sigmund Freud, "Tres ensayos de teoría sexual", en *Obras Completas, volumen VII*, Amorrortu, Buenos Aires, 1979, p. 109.

7. Subrayado del autor.

Avanzando en el artículo, en el apartado "Manifestaciones de la sexualidad infantil", dice: "Muchos niños pasan del chupeteo a la masturbación", y a continuación, hace resaltar como el carácter más notable del autoerotismo, de "esta actividad sexual" (así lo nombra) el hecho de que el instinto no se orienta en ella hacia otras personas".

"El niño no se sirve para la succión, (primer modo de incorporación, relación al Autre real primordial —la madre—) de un objeto exterior a él, sino preferentemente de una parte de su propio cuerpo, tanto… porque es más cómodo... como porque se hace independiente del mundo exterior al cual no domina"[8].

Recordemos que para la época de la segunda tópica, Freud dice que la psicosis es producto de un conflicto entre el Yo y el mundo exterior.

En "Introducción al Narcisismo"[9], artículo de 1914, contemporáneo entonces a la sección 3 de *Tres ensayos para una Teoría sexual*, sección titulada justamente "Teoría de la libido", y posterior al escrito sobre Schreber (de 1911), partiendo desde la clínica dice: "en el narcisismo el individuo toma como objeto su propio cuerpo".

Narcisismo primario normal; narcisismo secundario.

Líbido del yo. Líbido objetal.

Cuanto mayor es la primera, más pobre es la segunda.

La líbido objetal tiene su máxima expresión en el **amor** (disolución de la propia persona en la carga de objeto) y su antítesis en la fantasía paranoica de **fin de mundo**.

Hagamos un corte. Freud nos dijo, para el autoerotismo, 1906, que "el niño encuentra su satisfacción en el propio cuerpo"[10], y en 1914, conceptualizando el Narcisismo: "el individuo toma como objeto su cuerpo"[11], **entendemos** que el acto psíquico que "debe agregarse de uno a otro" es la posibilidad de que **sujeto —aún cuando pensemos en sujeto por venir— y objeto no coincidan.**

<hr>

8. Sigmund Freud, "Tres ensayos de teoría sexual", en: *Obras Completas, op. cit.*

9. Sigmund Freud, "Introducción del narcisismo", en: *Obras Completas, volumen XIV*, Amorrortu, Buenos Aires, 1979, p. 65.

10. Sigmund Freud, "Tres ensayos de teoría sexual", *op.* cit.

11. Sigmund Freud, "Introducción del narcisismo", en *Obras Completas, op. cit.*

Proponemos: no es lo mismo un sujeto que (se) goza a sí mismo, que un sujeto que goza de su propio cuerpo.

Para concluir digo: en los casos en que aún el delirio no está constituido, la posición que ocupa el sujeto —sujeto efecto que responde al Autre, nos dirá Vegh[12]— es correspondiente al tiempo propio del autoerotismo (primeros recortes).

Por otro lado, cuando el delirio ya toma forma, o bien la estabilización ha llegado vía tratamiento, suplencia de la función de anudamiento, el retorno de las manifestaciones clínicas adquiere la presentación —imposible para la neurosis—, de excluir todo el universo del campo de la castración.

Vaciamiento del mundo que teje la megalomanía, con su contrapartida de fin de mundo.

Exclusión que deja al sujeto, más allá de la anatomía, en el punto en que su lugar de objeto de goce del partenaire queda absoluta y mortalmente determinado por el lado identificatorio que ese ocupe.

---

12. Expuesto en Jornadas en el Hospital de Día, servicio de Salud Mental "Gral. Manuel Belgrano".

Intervenciones en una Melancolía*

Viviana San Martín

M. es un hombre de 56 años que concurre al Hospital de Día desde hace tres años. Cuando llega, relata varios tratamientos anteriores que incluyen medicación e internación, siempre en relación a sus numerosos intentos de suicidio. Ingirió veneno para ratas, para cucarachas, para hormigas... Últimamente, también lo intentó con los fármacos, que a su modo de ver, son algo así como un veneno.

Vive con su madre anciana, que es prácticamente ciega. Siempre vivió velando por ella: antes porque era alcohólica y ahora porque fuma hasta cuando come. Su padre falleció hace cuatro años, luego de una larga enfermedad. Si bien es el mayor de cuatro hermanos, fue él quien cuidó de su padre hasta que murió, así como ahora lo hace con su madre y antes, mientras estuvo casado, con sus suegros. En síntesis, una vida sacrificada a la enfermedad del Otro.

Sus hermanos, que no viven con él, le reprochan el no cuidar bien a la madre y además lo tratan de "parásito", porque hace seis años que no trabaja. Él dice que no puede porque está constantemente mareado. Se siente una rata, una cucaracha, una hormiga: así lo expresa y lo delatan tanto su aspecto como las maneras que utiliza para terminar con su vida. Está envenenado: su veneno se lo rocía en la boca y se reserva alguna dosis para salpicar a los que lo rodean. Les provoca angustia e impotencia por su anunciada e inminente muerte. Están

---

* Trabajo presentado en la Jornada del Seminario de Presentación de Pacientes Psicóticos, Hospital Manuel Belgrano, 11 de diciembre de 1993.

cansados de sus intentos de matarse: uno de sus hermanos es quien lo trae aquí.

Pero M. no fue siempre este oscuro objeto de desecho, este cuadro de desolación y despojo. Por el contrario, él tuvo muchas pertenencias: una esposa por casi veinte años a quien, según sus palabras, se ocupaba de tener "como una reina". Un hijo que estudiaba en los mejores colegios, que vestía ropas de marcas costosas y poseía variados juguetes. Tenía la casa más linda de la cuadra, auto, camioneta. Fue dueño de varios comercios. En fin, todo era una fiesta de brillo para la mirada.

Le gustaban los autos: trabajó como chofer y hasta tuvo un taller mecánico.

En este mundo ideal, él creía haber modelado a su mujer con la arcilla de su pensamiento: una pareja debía ser armoniosa, sin lugar para mentiras ni desacuerdos. Quería diálogo en la cena y no soportaba que ella tuviera la televisión encendida. A la letra: no soportaba la tele-visión, la visión lejos de ella. En otras palabras, quería moldear un Otro a su medida que no anduviera abriendo grietas poniendo en juego su propio deseo. Un Otro que respondiera en espejo a este Ideal que él había encarnado en ella. Así, vivía pendiente de su mujer. Como era de esperar, cuando ella hizo presente su deseo, se fue con otro hombre y él, que vivía "pendiente" de ella, se cayó.

Su esposa era un Otro que reflejaba su propia imagen, en la medida en que algo no imaginario la sostenía, permaneciendo oculto. Me refiero a ese carozo real, que en tanto esté velado, funciona como causa del deseo: el objeto "a". Presumo que se trataba del objeto "mirada", por el "brillo" para el que tanto trabajaba. Cuando este Otro se fue, el objeto que guardaba en su interior perdió su cubierta imaginaria y retornó en su valor de nada, ya que sólo valía como causa del deseo cuando estaba perdido y lo imaginario cubría su falta. El objeto se volvió sombra.

En "Duelo y Melancolía"[1], Freud remarca que el melancólico sabe que perdió algo, pero no sabe exactamente qué fue lo que perdió. A diferencia del duelo, la pérdida es inconsciente. Explica esta

---

1. Sigmund Freud, "Duelo y Melancolía", en: *Obras Completas*, volumen *XIV*, Amorrortu Editores, Buenos Aires, 1989.

particularidad dando cuenta de un hecho observable: si en el duelo "el mundo se ha hecho pobre y vacío; en la melancolía, eso le ocurre al yo mismo"[2]. Se refiere a la rebaja en la autoestima y a los autorreproches que se manifiestan como rasgos diferenciales en estos enfermos. Por lo tanto, señala que lo que verdaderamente ha perdido el melancólico tiene que ver con su yo. Ante la pérdida que lleva al retiro de la carga del objeto y a su sustitución por uno nuevo, nos encontramos con que la carga demostró ser un poco resistente y quedó abandonada, pero la libido no cargó un objeto nuevo, sino que retornó al yo. Pero allí no encontró un uso cualquiera: se identificó con el objeto abandonado. En este caso, no se trata de una identificación con su ex mujer, sino con el objeto que ella guardaba, que, sin su cobertura, se convirtió en una sombra.

Dice Freud: "La sombra del objeto cayó sobre el yo, que a partir de ese momento puede ser considerado una instancia especial, como un objeto y en realidad, como el objeto abandonado"[3]. El duelo no puede proseguirse porque ha sido rechazada la pérdida, el objeto causa del desengaño ha sido integrado al yo y allí es mortificado, en detrimento del yo, que sufre las consecuencias. En otros términos: la sombra del objeto ha caído sobre el sujeto, a quién el superyó maltrata con su mandato de goce mortífero.

Ahora bien, ¿Por qué este paciente tuvo una salida melancólica en lugar de un duelo normal?

Hacía tiempo que su mujer daba claros indicios de que estaba saliendo con otro hombre. Su reacción era la de "no querer saber nada de eso", me inclino a pensarlo en un sentido forclusivo, ya que más tarde este "desconocimiento" retornó en un episodio delirante.

Cuando, en un determinado momento, ella se va de su casa con el otro hombre, Mario se desespera: la busca en hospitales, comisarías, pone avisos en los diarios, investiga, viaja. Dice: "Ya ahí, mi razón se iba perdiendo".

Finalmente, la encuentra y la hace volver. Pero no hay palabras, no hablan del asunto. Él, que supuestamente bregaba por el diálogo en la pareja, no dice nada. No hay reproches. Tampoco él piensa nada

---

2. Ibídem, p. 243.
3. Ibídem, p. 246.

del estilo: ¿qué nos pasó? Ni se hace preguntas: ¿por qué hace un tiempo soy impotente sexualmente con ella? ¿Por qué permití que mi padre se entrometiera en mi matrimonio y maltratara a mi mujer? ¿Por qué vivían con sus suegros?, estas preguntas que debieron haberse formulado en ese momento, volvieron más tarde como autorreproches. Al no haber palabras, al no aparecer ningún significante que represente al sujeto para otro significante, el sujeto quedó borrado. Sólo estaba desesperado y quería que volviera.

Pero la que volvió no era la de antes. Por más que él desconociera sistemáticamente lo que estaba ocurriendo, su "razón" ya se había perdido: por un lado su "razón", su equilibrio, se habían perdido junto con ella: hizo un delirio paranoide. Ella lo estaba envenenando. Lo no dicho vía el significante retornó con la fijeza de la letra en un delirio. Para justificar su idea de envenenamiento, dice: "Ella me estaba metiendo un polvo en el mate".

Efectivamente, ella algo le estaba metiendo...

Un polvo...

En el mate...

Estaba envenenado...

Pero no reaccionaba. Su respuesta fue un delirio. He aquí su texto:

"Yo siempre todas las mañanas me preparaba un té antes de ir a trabajar y ese día, cuando confirmé mi idea, en lugar de poner el saquito en la taza, tiro primero el líquido de la pava en la taza. Y la noto de un color rosado. No era del óxido, era como un polvillo que había en la pava. Entonces yo guardé el agua en el frasco de mermelada limpia que uno siempre tiene guardado, para hacerlo analizar y me lo llevo a la camioneta. Cuando me voy para trabajar, ya me estaba encontrando sin fuerzas, entonces no fui al trabajo, sería por los mates que ella me venía dando. Esperé a que abriera una química cerca de casa. Cuando abre, me voy a ver al químico. El me dice que la cuestión de agua él no analiza, que tengo que ir a Obras Sanitarias antes de las 24 horas. Agarré, me fui a casa, previo comprar unas medias lunas. Mi mujer estaba durmiendo y guardo el pote entre medio de unas tazas así a la tarde lo llevo a Obras Sanitarias. Mi señora me escucha y dice: Ahora me levanto ¿qué pasó que no fuiste a trabajar? —sintió el ruido de que volví—. Ahora me levanto y te hago unos mates. Y cuando se levanta, agarra la esponja y el detergente y empieza a lavar la pava por dentro. Eso ya me extrañó, porque la pava se lava sólo por fuera, salvo que uno haya hervido leche... Agarré y me fui a dormir. No le pregunté, no sé, no me podía desahogar en el momento, y después cuando me levanto, busco el frasco y ella lo había tirado. Le pregunté —le dije que era para un análisis—. No me di cuenta —dijo—. Esta estaría parando la oreja cuando yo guardé el frasco entre medio de las copas para después llevarlo a analizar; ahí ya considero que me estaba metiendo algo...".

M. menciona esto en la casa de su hermana y ella le cree. Los hechos se precipitan estando él casi en estado de perplejidad:

"Me sacan de mi casa al hacer el comentario en lo de mi hermana de que mi mujer me estaba metiendo algo. Me dijeron que no tomara nada, por si me estaba envenenando. Me llevaron a una abogada. Habló mi hermana, porque yo no podía gesticular palabra. Dijo: haga una denuncia policial si hace abandono de hogar, antes de que las cosas pasen a mayores. Hice lo que me dijeron y me fui a la casa de mi madre".

A esto le sigue un breve período maníaco que pareciera un intento de negar la pérdida que había sufrido:

"Me agarró el delirio del baile y del show. Salía todas las noches, no dormía, tomaba las pastillas con whisky, estaba todas las noches con una mina distinta".

Luego, la melancolía, la depresión y los autorreproches:

"Cometí atrocidades: dejé a mi hijo a los 13 años, eso no me lo perdono. No tendría que haber dejado a mi familia. Lo que me correspondió de la casa, le di la plata a mi hijo y después me dijo: ahora me tengo que amasijar. El mea culpa, dejé a mi hijo cuando más me necesitaba. No pudo estudiar arquitectura por mi culpa. Yo quería dejarle la piedra fundamental de algo y no lo hice".

Comienza a cuidar a su padre, que por entonces sufre una hemiplejía. Cuando su hijo más lo necesitaba, él volvió a cuidar a su padre.

Hace malos negocios, se hace estafar, pierde sus bienes y con ellos también pierde a su última pareja, una mujer con la que había salido dos años. Cuando su padre muere, ya no tiene nada, ni trabaja más.

"No pude derramar una lágrima cuando mi padre murió. Lo odio porque siempre fue un jugador, un matón, un compadrito que por sus andanzas dejaba a mi madre sola en la crianza de sus cuatro hijos. Por eso ella le daba a la botella. Chupaba todo el día".

Podríamos decir que este era un padre que dejaba a sus hijos a merced de esta madre que chupaba...

Un padre que lo dejó a él en el lugar de objeto chupado por el Otro primordial: vivió siempre mortificado por lo que su madre chupaba o fumaba, peleando con ella por esa razón.

A continuación, voy a relatarles algunos tramos de su tratamiento: M. Comienza siempre las entrevistas expresando su intención de liquidarse por no soportar más su sufrimiento. Luego contabiliza una y otra vez todo lo que tenía y perdió. Se reprocha todos los pecados que cometió en su vida y concluye como empezó, al saludo de su analista: "Hasta la próxima", responde un "si llego". Sus días parecen calcados, sus entrevistas, también.

A este disco rayado que insiste más allá de su voluntad, la palabra no lo toca. No hay transferencia simbólica que permita vía asociación libre operar sobre el síntoma con la llave de la interpretación. El sentido cristalizado de su relato, resiste todo embate; ningún juego con el equívoco de su palabra cuestiona la fijeza del cuadro que pinta.

Con el tiempo, este relato rígido, sólo puede ser interrumpido. Cuando se lo interroga sobre su vida posterior a la separación, se desvía volviendo a lo de siempre. Le digo: "No empiece otra vez con el disco rayado, estaba hablando de otra cosa".

Hice intentos de cambiar de analista: falta a sus entrevistas y luego le solicita entrevista a la profesional que le administra medicación, aprovechando esta posibilidad del dispositivo. Por supuesto que para hablar de esto "que siempre vuelve al mismo lugar". Advertida la maniobra, es reconducido a su espacio de entrevistas.

De todas maneras, su posición no variaba ni un ápice. Sin embargo, nunca dejó de venir a todas las instancias del Hospital de Día: entrevistas individuales, de control de medicación y talleres. El resto del tiempo, estaba en la cama, elucubrando acerca de la manera en que iba a autoeliminarse y maquinando sobre su pasado, sin poder detener su pensamiento; más bien siendo objeto de él. Rescato un sueño relatado en una entrevista:

"Anoche soñé que volvía a mi barrio, bien trajeado, la gente me reconocía, la gente me recibía bien".

Este sueño insinuaba en sus letras, una intervención posible, que solo a posteriori pudo ser leída así.

En "La Tercera"[4], Lacan presenta en el plano el nudo borromeo de la siguiente manera:

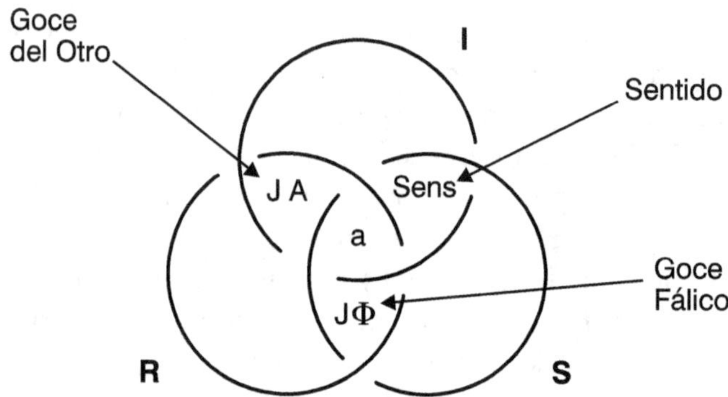

Los tres registros, lo Real, lo Imaginario y lo Simbólico, anudados de manera tal que ninguno penetra el agujero del otro, aunque ante cualquiera de los tres que se corte, los otros dos también se separan. Anudando las tres cuerdas, el objeto "a".

Lacan nos propone situar, en los lugares de intersección, letras que designan distintos tipos de goce. Entre lo Real y lo Simbólico, un goce que está al alcance del sujeto, el goce fálico: permite que lo Simbólico sea eficaz en el campo de lo Real. Logra que la palabra interpretativa del analista opere sobre la cara real del síntoma por el lugar que la transferencia le da.

En la intersección entre lo Simbólico y lo Imaginario, Lacan pone el "sentido". Este goce, se relaciona con el sentido de la vida que cada uno reclama y al que el sujeto se ofrece en sacrificio: por Dios o por la Patria hasta algunos dan la vida, con tal que ésta tenga algún sentido. Pero este mundo que cada uno habita, se sostiene por un objeto que es su causa: el objeto a. De lo contrario, perdida esta razón que es el objeto, la vida se torna un sin sentido, como el continuo padecer de este paciente lo confirma.

---

4. Jacques Lacan, "La tercera", en: *Intervenciones y textos, volumen 2*, Manantial, Buenos Aires, 1988.

Por último, hay un goce exterior a la palabra, entre lo Imaginario y lo Real: el goce del Otro. Goce en el que el sujeto queda atrapado como objeto, al sustituir el significante que al Otro le falta. De esto pareciera sufrir M.: algo lo habita, lo que llamo "el disco rayado", que le dice todo el tiempo "parásito, cucaracha, no servís de nada", que él no puede frenar. Este goce no es acotable por la interpretación, como este caso me lo enseñó magistralmente. Sólo la Intervención en lo Real se dirige a un efecto de la estructura en la intersección de lo Imaginario y lo Real, allí donde el sujeto se ofrece al Otro que lo habita como un objeto de goce.

Pero veamos si este enunciado general sobre la Intervención en lo Real se comprueba en su singularidad:

Comenzamos a fijar nuestra atención en la ropa con la cual este paciente venía al Hospital. Así nos enteramos de que esos "trapos viejos" que vestía eran ropas de su padre muerto. Tanto en las entrevistas individuales como en las de control de medicación se intervino al respecto. Por ejemplo:

—¿Hasta cuándo se va a vestir así?

—Usted está vivo..., ¿por qué usa ropa de muerto?

En referencia a un saco todo roído que era de su padre:

—¿Cuándo se va a sacar el muerto de encima?

En relación al mismo saco, otro día:

—¡Ah, no!, para entrar al consultorio, deje al muerto afuera...

Por primera vez, algo que venía de nosotros hacía alguna mella en él: empezó a venir con otra ropa, aclarando antes de entrar a la entrevista: "esto es mío", sin que nadie le preguntara nada. Paulatinamente, comenzó a mejorar su aspecto. Hasta que un buen día, vino a la entrevista vestido con una camisa floreada, y en lugar de comenzar con su consabido "me quiero eliminar", dijo: "vengo de una entrevista laboral". Se trataba de una agencia de remises que necesitaba un chofer. Desempolvó su vieja pasión por los autos. Me explicó de motores, en su discurso se multiplicaron las metáforas mecánicas. Al otro día comenzó a trabajar, luego de "diez años de no manejar", nos dirá. Se desenvuelve bien.

En entrevistas posteriores, a las que viene elegantemente vestido, me cuenta sobre la ropa que lleva a la lavandería, a la tintorería, la que se piensa comprar. Además piensa ir al médico "para recauchutarse" —afirma—. A la pregunta sobre qué piensa hacer con su recién ganado dinero, responde: "Mejorar mi presencia, porque como dice el dicho: 'como estés vestido serás recibido'". Aquí resignifico aquel sueño donde él vuelve al barrio "trajeado" y entonces el Otro, otro más propiciatorio, lo recibe bien y lo reconoce como valioso.

Ahora, desde la lectura de sus efectos, planteo esta intervención como una Intervención en lo Real, en la medida que operó fundamentalmente en la intersección de lo Imaginario y lo Real, entre lo Imaginario de su vestimenta y lo Real del objeto "mirada". A partir de esto, algo cayó:

"Quiero recuperar el tiempo perdido", nos dirá.

El prolongado tiempo de su melancolía —casi 13 años— pudo ser nombrado por primera vez como "perdido".

Hubo un corte, el tiempo del goce en el sufrimiento del que era objeto devino un goce acotado al poder gozar de un objeto al que él maneja. Vuelve a interesarse por las mujeres:

"Estoy tirando el anzuelo a ver si pica alguna" —nos grafica—.

En el cara a cara de las entrevistas, se puso en juego una mirada que no gozaba con la persistencia de la imagen del "cadáver harapiento" que él era. Una mirada deseante: "al muerto no lo miro más". En oposición a la mirada de su madre, que aunque ciega, mira. Porque la mirada tiene que ver con el deseo, no con la calidad de vidente o no vidente. El Otro es el que refleja la imagen a la cual el sujeto se identifica y con la cual se "viste". La imagen-vestimenta que cubre la desnudez del objeto "a" es la cubierta imaginaria que se necesita, para no quedar reducido a un esqueleto. Esta imagen se sostiene en algo que no se ve pero se siente: la mirada. Y este Otro-pantalla no hacía más que mostrarle siempre la misma foto: aquella que lo fijaba como el bastón blanco de su madre o el enfermero de viejos achacados. Con esta imagen como ropa no se luce muy bien ante los ojos de los otros que no son el Otro primordial.

El tema del envenenamiento (el otro me envenena, yo —identificado al objeto del Otro— me enveneno) se relaciona también con esta mirada mortífera que viene del Otro, lo que Lacan llama la "invidia". La invidia no es lo mismo que la envidia, sino que en su raíz "videre" (ver), señala su relación con la mirada. Según nos dice en el

Seminario XI[5], produce el mismo efecto de una "ponzoña": paraliza, pone pálido, marea, mata. El denominado "mal de ojo", reconoce este origen y justamente, era una de las cuestiones que M. traía a sus entrevistas: suponía que estaba "ojeado", que había sido víctima de un "daño". Este "mal de ojo", este "ojo malo", es un ojo voraz que al posarse sobre nuestro cuerpo, atraviesa nuestras vestiduras imaginarias y eso uno lo percibe. Es un ojo que a uno lo fija a un cuadro y por esa fijeza, nos trae enfermedad y desventura. Por esta característica de provocar detención en una imagen, Lacan afirma: "es la fascinación, cuyo efecto es detener el movimiento y literalmente, matar la vida"[6]. Por el desarrollo de este caso, me pareció interesante esta afirmación de Lacan: "se trata de despojar al mal de ojo de la mirada, para conjurarlo"[7].

Finalmente, voy a recordar una cita de Lacan del *Seminario R.S.I*, de febrero de 1975, para poder hacer algunos comentarios. Dice así:

"El efecto de sentido exigible del discurso analítico no es imaginario. No es tampoco simbólico. Es preciso que sea real"[8].

¿Qué querrá decir "efecto de sentido real"?

Propongo una lectura de esta enigmática frase: que lo exigible al discurso analítico es que haya un efecto de **cura**.

Si bien con esta interpretación, no estoy planteando que este paciente esté "curado", hubo una modificación importante en lo real de su posición. Cuando hablamos de **dirección** de la cura, lo entiendo como una hipótesis a confirmar, como algo que uno presume que tendría que tomar cierto rumbo, para llegar a un fin: la **cura.** Pero hasta tanto no se arribe a algo de este destino, no podemos saber si la hipótesis era correcta o incorrecta. Alertados ya de los peligros del "furor curandis", considero necesario introducir una distinción: una cosa es que la cura psicoanalítica se dé por añadidura y otra que no se produzca nunca. Porque de operarse este deslizamiento, no ponemos a prueba nuestras hipótesis teóricas. Y al así actuar, ¿qué

---

5. Jacques Lacan, "¿Qué es un cuadro?", en: *Seminario XI, Los Cuatro conceptos fundamentales del psicoanálisis*, Paidós, Argentina, 1987.
6. *Op. cit.*, p. 124.
7. Ibídem.
8. Jacques Lacan, *Seminario R.S.I.*, versión inédita. Texto de la Clase Nº 5, del 11/02/1975.

diferencia a nuestra teoría psicoanalítica de un delirio? Freud no tuvo inconvenientes, como Lacan lo subrayó, en reconocer que el delirio de Schreber sobre los "rayos de Dios" tenía una llamativa coincidencia con su teoría de la libido. Incluso se "atajó", aclarando que él la había construido antes de leer el libro de Schreber[9]. Creo que la posibilidad de establecer la diferencia reside en que podamos ponerla a prueba, y en base a los efectos clínicos, ratificarla o rectificarla.

Porque si sólo exigiéramos de ella el requisito, por ejemplo, de la lógica interna, el delirio puede gozar de ella también, y si solamente se tratara de poner nombres para describir y dar cuenta de ciertos fenómenos, daría lo mismo bautizarlos: rayos de dios, libido u objeto "a".

Tampoco se trata de caer en un alegre abandono de la teoría, en nombre de una supuesta "clínica en sí misma", que se autoriza en una intuición que desconoce sus verdaderas determinaciones y que comulga en la creencia de una "objetividad" positivista de los efectos. Estos se interpretan siempre desde determinada teoría al articularse con lo particular en la singularidad. Necesitamos de la abstracción teórica para justificar por qué a determinado hecho lo consideramos un efecto de una operación analítica y no de una mera modificación "cosmética" debida a algún influjo sugestivo, que retornaría luego con mayor virulencia. Si, de manera general, consideramos cura, por ejemplo, a aquello que se produce tras la caída de un objeto, donde éste se muda de objeto pulsional gozoso a objeto causa del deseo, evidentemente resultan imprescindibles todos estos conceptos (objeto, goce, pulsión, deseo), para poder engendrar ese corte, para después corroborarlo y además, para que otros analistas puedan confirmarlo o discutirlo. Entiendo por "poner a prueba la teoría" el contrastar nuestras elucubraciones en la singular eficacia que tengan para operar sobre lo real del goce, aunque necesariamente debamos realizarlo haciendo un rodeo: el de no esperar demasiado en cuanto a lo terapéutico. Este trabajo pretendió encuadrarse en esta perspectiva. Seguramente, dejó varios cabos sueltos en el camino. Reconozco dos, que quizás causen un futuro trabajo: pensar qué aporta este caso

---

9. Sigmund Freud, "Sobre un caso de paranoia descrito autobiográficamente (Schreber)", en: *Obras Completas, volumen XII*, Amorrortu Editores, Buenos Aires, 1979, p. 72.

en relación a la ubicación estructural de la melancolía y el de formular alguna presunción sobre qué dirección debería tomar esta cura a partir de ahora. Quizás ambas cuestiones estén emparentadas.

BIBLIOGRAFÍA

CANCINA, PURA, "El dolor de existir... y la melancolía", Homo Sapiens, Rosario, 1992.

──────── "La melancolía", en: *Las psicosis*, Homo Sapiens, Rosario, 1993.

DIJAN, PATRICK, "Enfoque psicoanalítico del suicidio", en: NASIO, JUAN D. (comp.), *En los límites de la transferencia*, Nueva Visión, Buenos Aires, 1987.

FERNÁNDEZ, ELIDA, "Delirio de negación de Cotard", en: *Diagnosticar la psicosis*, Data Editora, Buenos Aires, 1993.

GRANDINETTI, JOSÉ, "La psicosis maníaco depresiva (algunas consideraciones clínicas)", en: RODRÍGUEZ, SERGIO (comp.), *Lacan... efectos de la clínica de la psicosis*, Lugar Editorial, Buenos Aires, 1993.

HEINRICH, HAYDÉE, *Borde(r)s de la neurosis*, Homo Sapiens, Rosario, 1993.

LACAN, JACQUES, "Hamlet: un caso clínico", en: *Lacan oral*, Xavier Bóveda, Buenos Aires, 1993.

NASIO, JUAN, *La mirada en el psicoanálisis*, Gedisa, Barcelona, 1992.

RODRÍGUEZ, SERGIO (comp.), "Clínica de la Melancolía", en: *Lacan... efectos en la clínica de la psicosis*, Lugar Editorial, Buenos Aires, 1993.

RUPOLO, HÉCTOR, "La melancolía, una vieja historia", en: *Conferencias y Escritos psicoanalíticos*, Tekné, Buenos Aires, 1987.

VEGH, ISIDORO, "Intervención en lo Real", trabajo presentado en las jornadas de la E.F.B.A. realizadas en julio de 1991 acerca de "El padre en la clínica lacaniana".

──────── "El melancólico objeto del maldecir", en: *Matices del Psicoanálisis*, Agalma, Buenos Aires, 1991.

──────── "Paso a pase con Lacan: el objeto y sus destinos". Seminario dictado en 1985. Fichas E.F.B.A. Serie Seminarios.

Daniel necesita un otro en quien confiar

GUILLERMO UMARÁN

En este trabajo es posible seguir el recorrido del tratamiento de un paciente psicótico durante 12 años. A partir de esa experiencia propongo pensar acerca de las intervenciones probables en una clínica que llamamos diferencial; por referirnos a una estructura diferente en tanto no homologable a lo que denominamos estructura neurótica, hablamos de lo que concierne a los tiempos lógicos de la constitución subjetiva, tomando como eje de partida la Operatoria de la Castración y los distintos modos singulares que tiene el sujeto para posicionarse respecto de ella. Allí ubicamos el advenimiento de una estructura que llamamos psicótica y para la que es necesario un abordaje acorde a las dificultades que plantea.

Conocí a Daniel en Febrero de 1989. Yo formaba parte del Equipo de Hospital de Día de un Hospital General del Gran Buenos Aires, y Daniel había comenzado a concurrir allí desde hacía poco tiempo, derivado por PAMI[1]. La analista con quien tiene sus primeras entrevistas toma vacaciones y soy designado, entonces, para seguir escuchándolo durante ese mes.

Daniel, inicialmente, con el aire resignado de quien ya sabe cómo son las cosas, me cuenta casi sin que le pregunte su historia psiquiátrica y demás información para llenar una Historia Clínica conforme los usos y costumbres de las Instituciones hospitalarias.

---

1. PAMI: Obra social del estado que da cobertura médica a jubilados y discapacitados, incluyendo entre estos a los declarados insanos.

Tenía él, en ese tiempo, 35 años y había sufrido varias internaciones, algunas de ellas por la fuerza, con intervención policial incluida.

El comienzo de su enfermedad lo ubica alrededor de los 20 años, en sintonía con una intervención quirúrgica, a su decir, *terrible,* y creo que efectivamente lo era, le habían diagnosticado un tumor en un testículo con posibilidad de extenderse por sus ganglios. Por esto le extirparon el testículo, también algo de los ganglios, siendo a la vez una operación exploratoria que le dejó como marca una gran cicatriz. También fue sometido a quimioterapia y a rigurosos controles posteriores.

Daniel culpa a su madre por haber autorizado, en ese momento, una operación más cruenta de lo necesario y que esto lo había perjudicado "para siempre".

Interesante sentencia la de Daniel, ya que sabemos que el cuerpo en la psicosis se presenta, muchas veces, fragmentado y seguramente hasta la operación todo se había mantenido, en apariencia, muy bien constituido, pero sin sustento detrás.

No había resto subjetivo para soportar esta intervención en lo real del cuerpo. Esa intrusión dejó en evidencia la estructura psíquica de que se trataba.

Su historia hasta los 20 años había transcurrido por los carriles normales o casi estándar. Había sido un alumno brillante del Colegio Nacional Buenos Aires, al punto de recibirse con medalla de oro; había comenzado los estudios universitarios en Ciencias Económicas y aprobado materias como para completar tres años de carrera; trabajaba en el negocio familiar desempeñándose en muy buena forma. Su padre había fallecido cuando Daniel era un adolescente y la familia estaba ahora compuesta por su madre y tres hermanos menores. Su hermana abogada, soltera y sus hermanos, también profesionales, están casados, uno de ellos radicado en el exterior.

Durante ese primer mes me posicioné con prudencia para escucharlo e intervenir sólo cuando la circunstancia lo requiriera. Con sumo respeto, al finalizar ese período, Daniel planteó el pedido de continuar las entrevistas conmigo, preocupándose sobremanera en aclarar que la analista era una excelente profesional, pero que así se sentía mejor. En el Equipo se evaluó este pedido y se aceptó.

Considerar ese pedido de cambio del analista que lleva adelante las entrevistas hace justamente a una clínica diferencial, no ubicar tan sólo el pedido como metáfora de otra cosa e interpretarlo, sino escuchar a la letra y situar tal vez el surgimiento tenue de la subjetividad.

En los cuatro años siguientes Daniel concurrió al Hospital regularmente, tenía sus entrevistas individuales y controlaba la medicación con un psiquiatra del equipo. Esporádicamente, hemos citado a su madre para entrevistas familiares y en algunas ocasiones también se acercó su hermana, en quien era posible encontrar cierta ideación paranoica a poco de avanzar en la conversación. En estas oportunidades en que su familia era citada al Servicio, o bien aceptábamos el pedido de ser escuchado por algunos de sus miembros con relación al tratamiento de Daniel, éste se preocupaba en extremo. Recordaba y nos relataba que, en otros tratamientos, esos espacios propiciados para escuchar a la familia habían tenido siempre como resultado que terminara perdiendo él. Ocasiones en las que se decidía una internación, la medicación que debía tomar, dónde debía vivir, con qué dinero podía contar, qué podía hacer y qué no. La familia, según nos relataba él, también fue responsable de haberlo declarado *insano* a partir de un juicio por insania efectivamente patrocinado por su hermana. Lógicamente, cuando se planteaba el tema de las entrevistas familiares, Daniel desplegaba todo el temor y enojo para con su familia, a quien, repito, hacía responsable por sus internaciones.

Según sus propias palabras, colgaba sobre él la espada de Damocles de una internación si ante cualquier diferencia de criterios se planteaba una discusión para sostener el propio respecto de su familia.

Quedaba inevitablemente subsumido a cumplir el deseo del Otro, sin fuerzas para oponerse. Su estructura no soportaba, podemos decir, el enfrentamiento con el Otro. Era probable que de un choque así las consecuencias fueran el verse arrastrado a una internación, no ya por capricho de la familia, sino porque ante el Otro pierde, se desbarranca. Ese Otro que, ya sin ser necesaria la familia anecdótica para presentificarlo, implica aquel Otro en el que transcurrió su subjetivación.

Con sus largos años como paciente, Daniel conocía bastante de medicación, toda la gama de antipsicóticos ya había sido probada en él. Se quejaba de padecer los efectos secundarios de la medicación que tomaba y que le impedía desenvolverse normalmente. Lo hacían dormir mucho, sentirse desganado, le minaban su potencia sexual, en síntesis, sólo lo perjudicaban, pero debía tomarlos ya que su familia, su madre principalmente, haría que lo internaran si no cumplía con esto.

El otro motivo de queja y preocupación era su insania, ya que esto, dicho en palabras de él, "es la muerte civil". Va a decir: "no puedo comprarme un auto, una casa, viajar al exterior; ¿para qué voy a trabajar y ganar dinero?, no puedo hacer nada. No puedo votar a pesar de mi interés en la política, de que leo los diarios y estoy informado. Soy un muerto civil".

En esa época Daniel vivía solo en un departamento propiedad de la madre, quien posee un sinnúmero de inmuebles. Esto había sido decidido en entrevistas después de la última internación, a pedido de la madre, para quien era insoportable convivir con él. Daniel contaba cómo ingreso con su pensión mínima por insano, y que poseía un local comercial que le dejó en herencia el abuelo paterno, por el cual percibía la mitad del alquiler ya que la otra mitad la cobraba la madre por un arreglo que se acordó alguna vez, no muy claramente. Estos episodios reafirman en Daniel la idea de que siempre fue perjudicado por su familia con la anuencia de los médicos, abogados, jueces, curadores, etc. Tampoco ha podido elegir a quienes lo trataron hasta ahora. Hecho que resignifica el haber aceptado su pedido de continuar las entrevistas conmigo. Quiero decir, entonces, que se trató de una intervención acorde a las manifestaciones clínicas que acosaban la vida de Daniel. Durante esos años de tratamiento, Daniel comenzó a estudiar un curso de martillero público y a trabajar haciendo guardias inmobiliarias. De a poco va pudiendo pensar que algunas cosas puede hacer, a pesar de su "muerte civil", por ejemplo, comprarse un equipo de música que deseaba tener en su departamento. Sin embargo, no todo transcurre plácidamente ya que padece tres internaciones en cuatro años.

Sufre descompensaciones por las que debe ser internado. Es importante destacar algunas particularidades de estos episodios. En primer lugar, ocurren siempre alrededor de la misma época del año, la época cercana a su cumpleaños y al Día de la Madre. Su cumpleaños siempre le traía la idea de todo lo que no había podido hacer en su vida pero también, y muy fuerte, lo que no podrá; por ejemplo, se supone estéril a partir de la operación que sufrió. Con relación a su madre, realmente ocupa para ella un lugar de objeto donde no puede oponérsele de ninguna forma. Ni siquiera con la mentira. Mentirle como una manera de ocultar lo propio, de preservar su intimidad, es imposible para Daniel. La madre era, entonces, quien decidía dónde vivía, con qué dinero, dónde se atendía, qué podía o no hacer.

Habitualmente es a partir de algún episodio fortuito que comienza a desencadenarse la crisis. Situaciones que no puede resolver y lo superan. En una ocasión sufre un asalto al regresar a su casa, le roban el dinero y la campera, dentro de la cual estaba su carnet de PAMI y algún otro papel.

Desde ese momento, su preocupación es si esta persona que lo asaltó podía ir a robar a su casa, ya que conocía su dirección. Comienza a no poder pensar en otra cosa. Este pensamiento se le impone más allá de su voluntad y solamente habla de eso, dos semanas después lo llaman de una comisaría porque habían hallado su documento, lo va a retirar, no le dicen nada y él no dice en que circunstancia lo perdió. En lugar de calmarse, se preocupa aún más, piensa que la policía detuvo al ladrón y éste va a creer que él lo denunció. Por lo tanto, cuando salga, va a venir a buscarlo para vengarse. Esta idea se instala en él acaparando toda su atención. Esto era ir viendo cómo paulatinamente sucedía eso que Freud describió como el retiro de las cargas de objeto sobre el yo. Abandona sus actividades, deja de tomar la medicación, abandona su casa y se traslada a lo de su madre, se encierra allí, sólo puede hablar de este miedo, deja de comer y después también de hablar y de caminar, sólo permanece acostado, casi catatónico y, finalmente, es internado.

Por otra parte, como contrapartida entre internación e internación, tiene mayores logros, su calidad de vida aumenta pero el desbarranco posterior parece inevitable.

En otra internación entra en un episodio maníaco, se pasa un par de días andando sin parar, verborrágico, incoherente, regalando objetos propios y perdiendo otros. Me llama por teléfono repetidamente, aún en horas de la madrugada, durante varios días; yo intento concertar una cita para que vaya al hospital, finalmente va, no puede quedarse quieto, no quiere tomar medicación, mantenemos una entrevista caminando por la playa de estacionamiento del hospital, yo le sugiero que se interne ya que no está bien y no puede trabajar y le ofrezco acompañarlo a la clínica, él acepta ir de visita a la clínica, yo le digo que pidamos una ambulancia del hospital para que nos lleve y él se niega. Propongo entonces ir en mi auto y lo acepta. Lo llevo a la clínica en un viaje de casi una hora sin problemas.

Sus internaciones se prolongaban por cuatro o cinco meses aunque su salida del cuadro era rápida. Cuando empieza a ir a su casa los fines de semana me llama por teléfono y cuando su permiso se amplía a los lunes, vuelve al hospital.

En aquel tiempo, el año 94, luego de una internación, vuelve a vivir en lo de su madre, esto coincide con problemas en PAMI, por lo que no hay lugares de tratamiento e internación, la madre insiste en que se atienda ahora en Capital como le corresponde por PAMI, a ella le preocupa donde será la futura internación; también para esa época coincide la salida del equipo del hospital. Pierdo contacto con Daniel, luego sé que tiene una crisis y es internado en el Borda. Hablo por teléfono con la madre, ella me dice que en estos últimos años Daniel había logrado lo que no había podido durante todos los años anteriores, trabajar, estudiar, llevarse mejor con la familia; pero lamentablemente siempre volvía a caer y se pregunta y me pregunta si no era justamente porque hacía demasiado, si no lo ponía mal exigirse tanto. Me pareció una buena e inquietante pregunta. Era llamativo que esto viniera de la madre, quien no podía relacionar nunca la enfermedad de su hijo con algunas actitudes propias. Sin embargo, a esta altura yo sabía que Daniel, hijo primogénito de una familia de clase media bien acomodada, había sido exigido y compelido a ser el mejor, respondiendo con creces hasta que se desencadenó su enfermedad. Era un estudiante brillante, un excelente comerciante y un hijo ejemplar.

Luego de casi dos años vuelvo a recibir sus llamados, está haciendo su tratamiento en el Borda y me anticipa que en el futuro volverá a verme. Yo le informo de mi salida del hospital y de otra institución donde me puede ver.

Daniel viene y me cuenta que está yendo para atenderse al consultorio de la psiquiatra que lo veía durante su internación, tiene que ir obligatoriamente una vez por mes para controlar su medicación y hacer terapia. La madre quiere que se atienda con ella para tener un salvoconducto abierto en el caso de necesitar una nueva internación. Enterada de su visita a mi consultorio, la madre le dice que a mí me puede venir a ver como a un amigo pero que su tratamiento es con la Doctora. Daniel dice que con la Doctora no hay mucho que hablar porque ella no entiende. Que va a seguir yendo para que le controle la medicación, pero que él quiere venir a verme a mí. Recuerda que una vez hace muchos años yo le dije que al hospital él venía para hablar de las cosas que le dolían y que él va a hacer eso conmigo y a la Doctora sólo le comentará las cosas que andan bien. Yo interpreto esto como su desconfianza hacia la Doctora, es alguien que le viene impuesto, no puede negarse pero tampoco puede confiar en ella. Entonces me parece importante esta elección que él hace por fuera del deseo de la madre, casi a la manera de un engaño y decido ayudar a sostener esto. Le propongo que él fije los honorarios que me puede pagar y la frecuencia con que quiere concurrir.

A lo largo del tratamiento dos veces decidió aumentar los honorarios en la medida en que al estar trabajando podía incrementar sus ingresos. Trabajaba haciendo guardias inmobiliarias y a veces vendía algunas cosas que compraba a precios mayoristas. También decidió retomar sus estudios de Ciencias Económicas. Me trajo a una entrevista el resumen emitido por la Universidad de materias aprobadas y las que le faltaban aprobar. Intentó entonces hacer tres materias y no pudo, se le hizo demasiado difícil y al año siguiente se inscribió sólo en una y la cursó exitosamente.

Se le han presentado dificultades, de estas que lo preocupan sobremanera y ha podido sortearlas. Pienso que ahí se vuelve importante el lugar que ocupo como su analista. Él recurre a mí para hablar de esto que se le empieza a imponer. Por ejemplo, en un momento se encontró con que los análisis de sangre que le realizan periódicamente en el laboratorio que produce la medicación, le daban un valor más bajo que un análisis que había realizado en un lugar de su confianza. La preocupación era que si ese valor descendía aún más podían no venderle la medicación. Él quería saber si podía prescindir de hacerse el análisis allí, continuar haciéndoselo en privado y presentarlo para comprar la medicación. Me pidió si yo podía consultar con algún médico de los que conocía mientras él también hacia sus averiguaciones. Yo lo hice, hablé con un médico y luego entre los dos armamos la letra del discurso para plantear esto en el laboratorio y finalmente pudo resolverlo, esto llevó un mes de varias entrevistas.

Él necesitaba que lo acompañe para poder enfrentarse u oponerse al Otro, necesitaba saber que contaba conmigo. Entonces me pregunta si yo lo acompañaría a curaduría cuando tiene algún problema para cobrar, ya que él dice que allí, si protesta por algo, enseguida le preguntan si está tomando la medicación. También si iría con él a las entrevistas con el forense en caso que sea necesario, porque ha iniciado el trámite para lograr el levantamiento de la insania; o el día de mañana, en caso de fallecer su madre, para que lo ayude a quedarse con la casa donde vive que es la casa paterna, ante la que supone la ambición desmedida de sus hermanos que podría arrasarlo y dejarlo sin nada. Allí intervengo diciéndole: un abogado es quien debe defender tus intereses en una circunstancia así. Yo te puedo acompañar, pero no sé de leyes y sucesiones, los abogados saben de eso. O sea, no quiero convertirme en un gran Otro que puede hacer todo en cualquier terreno, que entiende de todo. Sí, puedo acompañarlo. Sí, puedo ser un sostén imaginario en ese lugar.

Mi función entonces es acompañarlo posibilitando que pueda enfrentar al Otro que lo arrasa, soy alguien de su confianza, sabe que si recibo una llamada de su madre, él lo va a saber, no se lo ocultaría. Refiero este ejemplo por ser algo que Daniel en algún momento expresó de esa forma.

En un tiempo tuvimos dos entrevistas con la inclusión de la madre a pedido de Daniel. Una de ellas fue porque la madre quería que, si no avanzaba el trámite para levantar la insania, el hermano pasara a ser el curador oficial. Esto lo ponía en una encerrona ya que, o caía en la red familiar con su hermano o debía avanzar en el trámite judicial, cosa que quería, pero en lo que yo escucho, todavía no se sentía en condiciones de enfrentar. En la entrevista yo intervengo y digo: respetemos los tiempos de Daniel, él está haciendo las cosas a su forma y va bien, el levantamiento de la insania caerá por su propio peso como una fruta madura, dejemos que todo continúe como viene siendo y a usted, señora, le pido si puede seguir colaborando como hasta ahora, yo comprendo su agotamiento pero Daniel aún la necesita.

Planteo entonces, como necesarias y convergentes, dos líneas de intervención; una, aquella que propicia la búsqueda por parte de Daniel de algo que tiene que ver con alguna marca de los Ideales del Otro, poder encontrar el objeto de su goce más allá de su propio cuerpo, hay algo en juego de los Ideales del Otro en su intención de retomar los estudios, el trabajo. Sin saberlo, al comienzo del tratamiento fui el primero en decirle que no estaba muerto, aunque se sintiera así por su estado civil y su operación. Le dije que podía trabajar, pero su vuelta fue un intento de ser como había sido antes, un último intento de ser considerado por la madre. Fracasó y volvió a fracasar y yo con él. Jean Allouch se pregunta: "si no se tratará de obtener del alienado a través de no sé qué maniobras que se reconozca un buen día como enfermo mental"[2].

Yo pensé si tomar conciencia de sus límites le impediría nuevos fracasos. Pero Daniel estaba fuertemente marcado como enfermo mental y todo su esfuerzo era demostrar lo contrario. Cumplir con los ideales del Otro lo dejaría a salvo de esa marca. Ahora bien, yo intervine desde el lugar de un amigo, privilegiado en cuanto a su escucha, y propicié que pueda disfrutar de ir a la Facultad aunque haga una sola materia y que trabaje no demasiadas horas para que no deje ciertas actividades sociales, lugares de circulación que había mantenido.

Isidoro Vegh escribe en un artículo: "El analista como el amigo acude a la cita para que el juego prosiga más allá del encuentro"[3].

La otra línea de intervención es la que surge nítidamente en la entrevista familiar, pero también se recorta en otros momentos. Allí, con la familia, mi intervención funcionó como una cuña que genera un espacio virtual de separación que pone límite al arrasamiento del Otro. Era en situaciones extremas para él, cuando las cosas se le tornaban inmanejables, que Daniel planteaba la entrevista. Era en ese espacio donde Daniel podía moverse para circular en el campo social a partir de mantener una distancia apropiada con su familia.

También intervine construyendo con él un discurso para enfrentar al Otro, propiciando que pueda sostener su decir en el encuentro

---

2. Jean Allouch, "La fonction secrétaire, élément de la méthode freudienne", en: *Littoral*, N° 34-35, Paris, marzo de 1992, p. 29.

3. Isidoro Vegh, "Estructura y transferencia en el campo de la psicosis", en este libro.

con el Otro. Sabemos por él que se siente víctima de una arbitrariedad gozosa que lo arrasa; el Otro encarnado en los distintos agentes que debieran ser transmisores de la ley; éstos pasan a ser la ley misma, no hay un orden simbólico que transmitan, son la ley misma, absolutamente arbitraria. En el trabajo conjunto entonces veíamos cómo manejarse en esos encuentros, con la psiquiatra, con el laboratorio, el curador, el jefe en el trabajo, etc. Intentando hacer valer sus derechos, pero con prudencia, porque como Daniel dice: "No hay que despertar al león".

La paradoja de esto es que, sin saberlo, seguramente sin haber leído textos de psicoanálisis, la madre tenía algo de razón cuando le decía a Daniel que él me podía venir a ver como a un amigo; pero esto no lo sabe Daniel, por eso viene; amigos ya tenía, lo que no tenía antes era alguien del campo profesional en quién confiar. El lugar del amigo funciona en la transferencia establecida con un paciente psicótico, pero a costa de no ser explicitado.

No sé si Daniel volverá a sufrir descompensaciones, por el momento esa posibilidad parece lejana. Pero estoy convencido de algo que aprendí de la psicosis: suspender el ideal de la cura, situar las expectativas en donde el paciente pueda responder.

BIBLIOGRAFÍA

ALLOUCH, JEAN, "Litoral Las Psicosis", en: *Ustedes están al corriente, Hay transferencia psicótica*, La Torre Abolida, Paris, 1989, p. 45.
D´AGOSTINO, LAURA ROSA, "Una Cita con la Psicosis", en: *Fundamentos de la práctica de Hospital de Día*, Homo Sapiens, Rosario, 1993.
FREUD, SIGMUND, "Introducción al Narcisismo", en: *Obras Completas, tomo XIV*, Amorrortu, Buenos Aires, 1979.
VEGH, ISIDORO, "Una Cita con la Psicosis", en: *Estructura y transferencia en el campo de la psicosis*, Homo Sapiens, Rosario, 1993, p. 40.

Acerca de algunas cuestiones transferenciales y de abordaje en la clínica de la psicosis*

EDGARDO ÁLVAREZ

En la práctica clínica con pacientes graves, insiste en nosotros un obstáculo inicial en el abordaje de pacientes en crisis, y luego de la crisis, dentro del dispositivo de Hospital de Día. La ausencia de transferencia simbólica en la psicosis marca esta dificultad que nos invita a generar una modalidad de posicionamiento e intervención acorde con esta estructura.

La transferencia en el modelo neurótico es una forma de representar una falta reeditada a través de un sujeto al que se dirige suponiéndose un saber sobre sí, por ejemplo al modo de una pregunta. Esta ausencia, este vacío del sujeto neurótico, lanza un mecanismo que pone en juego la ficción de que algo o alguien ocupa ese lugar.

En la psicosis este aspecto no existe, no hay pregunta, por lo tanto, no hay cabida para otro o, si la hay, este otro ocupa su mismo lugar estableciendo la lucha mortífera "yo o tú".

Fuera de la fenomenología: ¿qué es un delirio? ¿Qué implica más acá de lo que llamamos la enfermedad? ¿Qué enferma a la psicosis? ¿Qué dispositivo nos permite abordar esta estructura?

Si las psicosis nos siguen cuestionando un modo de intervención posible, quisiera ensayar algunas consideraciones empezando por

---

* Trabajo presentado en la Jornada del Seminario "Presentación de pacientes, un instrumento para la clínica", en enero de 1993, en el Hospital de Día, servicio de Salud Mental "Gral. Manuel Belgrano".

plantear algo al revés, casi un dispositivo de no tratamiento de la enfermedad.

No alcanza con desarmar el dispositivo analítico clásico para sostener una intervención propiciatoria en la psicosis. Sabemos de la ineficacia y el peligro de interpretar basándonos en una estructura que no acepta la lógica de la castración en el movimiento que produce la efectuación del sujeto. Proponemos demultiplicar la transferencia, como modo de evitar la equivalencia del analista del Otro arrasador, y creemos que normativizar empobrece, en el mejor de los casos.

Javier: un caso.

Javier es un paciente de veinticinco años que, desde hace aproximadamente tres años, se atiende en el servicio y participa de las actividades del Hospital de Día.

Su historia, sintéticamente, es la siguiente.

El padre de Javier estaba casado con una mujer cuya hermana fue violada, desde los dieciséis años, por este hombre que finalmente la embaraza. De este embarazo nace Javier. Para la edad de dieciséis años del paciente, el padre reconoce a este hijo, y va a vivir con él y su madre, luego del fallecimiento de su esposa. En esos tiempos, la madre de Javier queda embarazada nuevamente y nace su único hermano de esta familia.

En esta época, el paciente empieza a manifestar los primeros episodios de lo que él llama su enfermedad: "me empezó a cambiar el pelo, yo antes lo tenía ondulado atrás y finito como una mujer". "Antes era un piola con las chicas". "Tengo algo que me domina por dentro el cerebro". "No salgo para no encontrarme con gente que me conoce".

"Se ríen de mí, me miran mal, como que me llamo Javier".

"Después de los dieciséis me empezó a pasar eso, me empecé a sentir menos, perdí las ganas de vivir". "Será que empecé a desarrollarme y me quedé así, demente".

"Yo no tengo problema con las mujeres. El problema es con mi mamá" (dice que no puede tener novia ni eyacular).

¿Cuál es el problema?

"No sé, por ahí soy un hijo de puta y lo hago para hacerle un mal a mi mamá".

Lo que intentamos marcar es que una cuestión es la estructura, y otra es la enfermedad. Hasta aquí el padecimiento y lo que dominaría el decir-denuncia de Javier, sobre lo que no puede constituir ninguna posición.

La estructura se manifiesta clínicamente cuando, en el momento en que tendría que apelar a sí para responder, por ejemplo, a algo propio de su edad, las chicas —tener novia—, no tiene con qué. Y esto, que no halla respuesta en él, se vuelve en su contra: "soy un loco, o un hijo de puta".

Le responde la injuria: retorno desde lo real del Otro forcluido, bajo una forma cargada de una significación aplastante. Así queda ubicado como objeto de goce mortificante del Otro.

Hay un orden que le impone tener que responder, y él no puede. Esto lo enferma. No alcanza a producir con la suficiente consistencia, con la certeza suficiente, lo que como delirio lo ubicaría en relación a lo que demanda de afuera, por ser esto correspondiente a dos lógicas muy diferentes.

– La cultural, la de sustitución, la de novia en lugar de madre.
– La de que se da cuenta del producto, de la no inscripción de la operatoria simbólica, por exclusión de la función del Nombre del Padre. Por ejemplo, el delirio, intento restitutivo que apunta a dar respuesta al reclamo que el otro le dirige desde lo Real.

Que la psicosis porta una palabra, un decir, es tan indiscutible como que esa palabra no es interpretable, pero, sin embargo, insiste con su llamado. Esta complicación finalmente transferencial (para nosotros analistas) no lo es para otros.

Quiero relatarles una experiencia que desde hace muchos años, incluso antes de ser analista, me llamó mucho la atención y todavía hoy lo hace; además de ayudarme a pensar algunas cuestiones respecto al tema que nos convoca.

En mi pueblo natal, uno como tantos otros del interior de la provincia de Buenos Aires, conocí tempranamente a un personaje, un loco llamado Pepito. Los datos recogidos luego me permitieron saber que, para la época de los hechos que voy a recordar, Pepito tenía unos cuarenta y cinco años (ahora tiene aproximadamente sesenta y cinco). Vivía con su madre, una mujer con apariencia de anciana, que lo acompañaba en su deambular por la calle principal.

El padre había sido un militar de alto rango a quien la madre nunca había aceptado como padre de familia, por los años que había tardado en reconocer a ese hijo como propio. Se decía que nunca aceptó nada de él. Pepito, mientras tanto, empezaba a tener algunas dificultades. Sólo cursó primer grado completo, nunca se adaptó a ninguna actividad propia de su edad, nunca jugaba con nadie de chico y casi siempre estaba solo.

Ya de grande, en el pueblo, cuando estaba bajo el cuidado de su madre, hacía cosas como dirigir el tránsito provisto de un silbato, generando de repente grandes inconvenientes ya que su forma era un tanto caótica y en general terminaba siendo interrumpido por alguna autoridad municipal (a quien él guardaba respeto) que lo acompañaba hasta la casa de su madre.

Nunca se le reconocía novia ni trabajo fijo.

Los relatos reconstruidos de sus conversaciones eran, más allá de cualquier prejuicio, delirantes. Debía hacer, los fines de semana, viajes terrenos y cósmicos en distintos tipos de naves, que lo conducían a lugares del mundo o de otras galaxias siendo él siempre el capitán de esas naves.

Pasaba largos períodos de tiempo sin aparecer por la calle y luego se lo veía deambular, harapiento y sucio, ensimismado y perdido.

Su vida cambió cuando, gracias a algunos "contactos" y el apoyo de la comunidad, entró a trabajar (aproximadamente a los cuarenta y cinco años), como empleado municipal en el cargo de "pepito tira-bomba con uniforme y todo". Su trabajo remunerado y reconocido consistía en tirar las veintiuna salvas (cañonazos) en todos los actos municipales que se realizaban que, por su suerte, en esa época (próspera para el pueblo) eran muchos.

Munido de uniforme militar, con gorra y charretera, atildado y limpio, Pepito cumplió siempre su labor con solvencia, para el orgullo de toda la comunidad y el suyo propio, hasta jubilarse como corresponde.

Aquí es donde digo que la psicosis-estructura, cuando debe responder a códigos que no le son propios, es una enfermedad social, y espero se atienda qué intento decir.

Pongo el acento en la enfermedad porque, en mi pueblo, Pepito no es un loco, es un personaje del lugar, como otros, que no sólo no sufre las tendencias de sus conciudadanos a modificarlo, sino que es acompañado y sostenido por sus semejantes: vecinos, compañeros de trabajo y amigos, y además su madre.

No es necesario pensar que está enfermo porque él es lo que es y allí, en ese orden cultural, tiene un lugar. O sea, no se enferma.

Quiero decir, la psicosis, por más que parezca obvio aclararlo, no es sólo consecuencia de la ausencia de la metáfora paterna (esto sería pensarla como a la neurosis), sino que tiene sus propios códigos, sus propias formas y vaya que las respeta.

Calligaris se refiere a la causa de la psicosis como: "una organización del saber del sujeto que excluye la función paterna".

Excluido entonces en este plano simbólico, la sustitución, la metáfora es el terreno de lo Real, y eso es, si facilitamos el desarrollo de la estructuración psicótica.

Entonces, un dispositivo posible para el tratamiento de la psicosis no deberá desconocer esta génesis, así como no desconoce la ficción neurótica lo simbólico para proponer el Sujeto supuesto Saber.

Las experiencias en la observación de lo que, entre nosotros, llamamos el acompañamiento terapéutico, me han servido para marcar algunas cuestiones que trataré aquí de traducir en propuestas.

El lugar como sujeto de quien acompaña.

La escucha desprejuiciada, o sea, lo que para algunos es sustitución simbólica, para otros es irrupción de lo Real.

Acompañar como testigo.

Esto facilita que el paciente en cuestión pueda apoyarse en alguien para desarrollar lo que no pudo sólo o en otro ámbito social.

Luego: le ofrece un lugar donde jugar sin un marco demasiado acotado por la norma, cualquiera que sea, en el cual puede proponer sus locuras liberado de cualquier sanción. El acompañante debe apoyar como lo hace el amigo sin emitir juicios, debe ser soporte y callar.

Bibliografía

AA.VV., *Fundamentos de la Práctica en el Hospital de Día. Jornadas Interinstitucionales de Hospital de Día, noviembre de 1990*, De Azul.

Lacan, Jacques, *Seminaire III, Les Psychoses*, 1955/1956, Éditions du Seuil, Paris, 1981.

Soler, Colette, *Estudios sobre la psicosis, los ensayos 1988-1990*, Manantial, Buenos Aires, 1989.

Vegh, Isidoro, *Acerca de un Tratamiento posible de las psicosis*, Editorial Agalma, Buenos Aires, 1991.

Algunas puntuaciones acerca
de la psicosis infantil

MARTÍN BAUDIZZONE

En el transcurso de este seminario, muchas veces me he interrogado sobre lo que ocurre en la infancia y la adolescencia de estos pacientes.

Algunos de ellos se presentan, ya adultos, con delirios de menor o mayor grado de sistematización, alucinados o no.

Otros, con un cuadro de una pobreza semiológica, casi una especie de inexistencia.

En muchas oportunidades, estos cuadros psiquiátricos se intrincan, se intercalan y evolucionan de uno a otro.

Este deambular diagnóstico plantea la posibilidad de pensar a la psicosis con un criterio de unicidad, a pesar de las diferencias que la clínica nos enseña.

Freud en el historial de Schreber destaca "que la denominación que se le da a un cuadro clínico no es cosa esencial, y sí lo son los mecanismos de producción de síntomas y de la represión".[1]

La psiquiatría se ha esforzado en marcar la diferencia de los distintos cuadros clínicos en la psicosis. El psicoanálisis y los psicoanalistas han intentado marcarla entre el psicoanálisis con niños y el psicoanálisis con adultos, diferenciando, entre otras cuestiones, los distintos cuadros psicóticos de ambos.

---

1. Sigmund Freud, "Puntualizaciones psicoanalíticas sobre un caso de paranoia (Dementia paranoides) descrito autobiográficamente", en: *Obras Completas, volumen XII*, Amorrortu, Buenos Aires, 1979.

Bercherie, en su libro *Fundamentos de la Clínica*[2], comenta que desde los inicios el niño tuvo un lugar muy particular en el desarrollo de la psiquiatría.

Un niño era solamente un adulto por advenir, un adulto en potencia.

A la patología del niño se la ubicaba del lado de lo orgánico, de lo congénito e irreversible.

No existían cuadros definidos, y durante mucho tiempo la patología del niño era la debilidad mental, con sus múltiples variantes, diagnóstico que aún persiste tomado de la mano de la psicosis infantil.

Los distintos diagnósticos empiezan a recortarse y a definirse, y más específicamente en psicosis infantil, en el año 1943, por Leo Kanner, en su "Tratado de Autismo Infantil"[3].

Posteriormente, las rigurosas descripciones de Gesell[4] permitieron el verdadero nacimiento de la psiquiatría infantil, basada en una psicología evolutiva, marcando en ese momento las diferencias con la psiquiatría del adulto.

Desde el psicoanálisis, podemos plantear a la psicosis infantil ligada a lo constitutivo, a la estructuración del sujeto psíquico.

Freud conceptualiza, en un momento de su obra, a la psicosis, psicosis del adulto, como una consecuencia de la regresión y la fijación (Schreber, Capítulo 3)[5].

Refiriéndose a las neurosis de la infancia, plantea que éstas transcurren en la mayoría de los casos con la presencia de terrores nocturnos y fobias, pudiéndosele dar a éstas, por su observación, casi constantemente en la evolución, el status de momentos constitutivos del infantil sujeto.

La neurosis de la infancia, llevará, si todo sale bien, a la neurosis infantil, de la que podremos dar cuenta a través de las construcciones, en un análisis de un paciente adulto.

---

2. Paul Bercherie, *Les Fondements de la Clinique*, La Biblioteque d'Ornicar?, París, 1980.

3. Leo Kanner, *Psiquiatría infantil*, Siglo XX, Buenos Aires, 1985.

4. A. Gesell, *El niño de 1 a 5 años*, Paidós, Buenos Aires, 1966.

5. Sigmund Freud, "Puntualizaciones psicoanalíticas sobre un caso de paranoia (Dementia paranoides) descrito autobiográficamente", *op. cit.*

Freud plantea a la neurosis infantil como un equivalente de la neurosis de la infancia.

Para un paciente que presenta un cuadro psicótico en la edad adulta, ¿cuál será su equivalente, su antecedente en la infancia?

Un concepto que nos aclarará el "antes" de la psicosis desencadenada será el de la "prepsicosis". El más acá de la crisis, lo que es previo al desencadenamiento, tomando a éste como el momento en que la clínica se hace manifiesta ante un observador.

Desencadenamiento que será seguido por la restitución delirante, intento de reconexión objetal, "que se hace advertir ruidosamente" (Freud, "Historial de Schreber"[6]). Por lo tanto, la prepsicosis será definida por lo que sucede a posteriori, por un *après-coup*.

Pero este desencadenamiento, la aparición de la clínica, ¿es siempre detectable?, ¿es siempre ruidoso?, ¿o muchas veces puede pasar desapercibido a un psicoanalista? Según Freud, "en muchas oportunidades no recibimos noticia alguna de él y nos vemos forzados a deducirlo de otros consecutivos"[7].

Una idea aceptada es que en la psicosis infantil no se producen desencadenamientos. Ésta se hace presente sin que el delirio, la alucinación o el neologismo necesariamente aparezcan.

Podemos pensarla como un modo particular del infantil sujeto de posicionarse frente a lo real[8].

Si lo clásico de la psicosis es que aquello no simbolizado retorne desde lo real a través de la alucinación, en la psicosis infantil es un real que siempre estuvo allí, sin tramitación psíquica, sin ningún tipo de anudamiento, transcurriendo al estilo en que cursan los análisis de los niños pequeños.

Este real será al que los niños, más adelante, a través de las construcciones imaginarias y de las teorías sexuales infantiles, propiciarán un ordenamiento simbólico.

Si la pubertad es uno de los momentos más propicios, o con más alta frecuencia de los desencadenamientos psicóticos, podemos pensar

---

6. Ibídem.

7. Ibídem.

8. El concepto que utilizo no se refiere al sujeto del inconsciente, sino de una forma descriptiva, como individuo.

que previamente alguna clase de anudamiento ha tenido lugar, o algún tipo de suplencia se ha constituido en el niño que en su pubertad o adultez presentará la clínica de la psicosis.

La suplencia no trata de solucionar una catástrofe, sino de sostener sin recurrir al delirio, a diferencia de la llamada estabilización de la psicosis, en la que se trata de una forma de respuesta de un sujeto para frenar ese desbarranco.

La psicosis infantil se caracteriza por la ausencia de desencadenamiento, es una psicosis de la continuidad, continuidad de la presencia de lo real, y no el retorno en lo real, de lo discontinuo.

Debido al desarrollo abrupto del cuerpo y de la emergencia de los caracteres sexuales secundarios que transcurren en la adolescencia, es habitual que como consecuencia de esto, se produzca el desencadenamiento psicótico.

En ese momento particular en que el real del cuerpo se modifica, el advenimiento de un cuerpo sexualmente apto, se debe contar con un soporte imaginario y recursos simbólicos que den cuenta de ellos, es decir una forma de anudamiento. La dificultad de dar tramitación psíquica a ese cuerpo, por la insuficiencia de la constitución de un registro simbólico, pondrá en evidencia, en ese momento y de forma más cruda, lo que ya estaba potencialmente presente.

Lacan en su *Seminario V, Las formaciones del Inconsciente*[9], en sus clases sobre la metáfora paterna, refiriéndose al artículo de Freud sobre la declinación del Edipo, al finalizar el tercer tiempo, dice: "El niño tiene en el bolsillo todos los títulos para servirse de ellos en el futuro. Tiene también todos los derechos a ser un hombre. Pero en el momento de la pubertad estos serán discutidos".

La adolescencia será entonces un momento de estructuración del aparato psíquico. La reinscripción Edípica, al advenir la pubertad, será un momento estructurante. Una forma de pensar este segundo tiempo de inscripción se ofrece a través de los conceptos en "Nuevas aportaciones a las neuropsicosis de defensa"[10].

---

9. Jacques Lacan, *Séminaire Les formations de l'inconscient.* Éditions du Seuil, Paris, 1998.

10. Sigmund Freud, "Nuevas puntualizaciones sobre las neuropsicosis de defensa", en: *Obras Completas, volumen III*, Amorrortu, Buenos Aires, 1979, p. 157.

Allí explicita que las vivencias sexuales prematuras traumáticas recién serán existentes y eficaces después de la reactivación del recuerdo producido por el despertar sexual de la pubertad.

A partir de ese momento se constituye la inscripción significante de esas vivencias sexuales infantiles, por lo tanto, constitutivas del inconsciente.

Será un momento de finalizar el tiempo de las inscripciones significantes fundantes de un aparato psíquico, o comenzar al modo de una alucinación lo que no pudo ser inscripto en lo simbólico.

Ese real del cuerpo que se impone será un momento definitorio en la vida de un sujeto, según la tramitación psíquica que se logre dar.

Este momento de espera será, también, de gran importancia en la clínica.

Ahora, ¿de qué manera conceptualizar ese período constitutivo del aparato psíquico del niño, que un tiempo después, ya en el adulto, mostrará una sintomatología francamente psicótica, o que seguirá su curso sin poner de manifiesto de una manera clínica su padecer?

Podemos hablar de una suplencia que anude de una manera singular lo que no ha hecho la metáfora paterna.

¿Esta suplencia traerá cierta estabilidad?

La posibilidad de una estructura psicótica sin clínica supone que algún tipo de anudamiento se ha logrado.

La diferencia entre la psicosis infantil y la adulta, planteada desde la continuidad en la primera y lo abrupto de la segunda, se perdería si pensamos a los desencadenamientos como menos ruidosos o no observables desde la clínica, previos al diagnóstico de una psicosis en la edad adulta.

El momento más frecuente para este diagnóstico será la adolescencia, donde se pondrán de manifiesto síntomas más evidentes, como el delirio o la alucinación, o seguiría el mismo curso al modo de una esquizofrenia simple, sin la presencia de ningún elemento restitutivo.

Podemos concluir que el diagnóstico, no fenoménico sino de estructura de psicosis tanto en los adultos como en los niños, no estará dado por la presencia de delirios, alucinaciones o neologismos solamente, sino por un singular posicionamiento del sujeto frente a lo real, de lo que da testimonio la frecuencia de la irrupción psicótica en la adolescencia frente a un cuerpo que cambia.

Bibliografía

ALLUCH, JEAN, MARGUERITE OU L'AIMÉE DE LACAN, E.P.E.L., París, 1980.

—————— "Du discord paranoiaque", en: *Revista Littoral*, N° 3-4, Erès, París, 1982, p. 87.

—————— "Du discord paranoiaque (II)", en: *Revista Litorial*, N° 5, Erès, París, 1982, p. 109-124.

—————— "Du discord paranoiaque (III)", en: Revista Litorial, N° 6, Erès, Tolouse, 1982, p. 25.

—————— (firmado como Francis Dupré), *La solution du passage a l'acte*, Erès, Tolouse, 1984.

BATESON, GREGORY, *Una unidad sagrada. Pasos ulteriores hacia una ecología de la mente.* Gedisa, Barcelona, 1993.

BAUMEYER, FRANZ y OTROS, *Los casos de Sigmund Freud N°2. El caso Schreber*, Nueva Visión, Buenos Aires, 1972.

BERCHERIE, PAUL, *Les fondamentes de la clinique*, Éditions du Seuil, Paris, 1980.

BETTELHEIM, BRUNO y DANIEL KARLIN, *Hacia una nueva comprensión de la locura*, Crítica, Barcelona 1981.

BION, W. R., "Notas sobre la teoría de la equizofrenia", en: *International Journal of Psychoanalysis*, Vol. XXXV, N° 2, 1954.

—————— "Desarrollo del pensamiento esquizofrénico", en: *International Journal of Psychoanalysis*, Vol. XXXVII, partes IV y V, Londres, 1956.

—————— Supervisión de una sesión. Inédito.

CZERMAK, MARCEL, *Estudios psicoanalíticos de las psicosis. Pasiones de objeto*, Nueva Visión, Buenos Aires, 1987.

DOLTÓ, FRANCOISE y HÉCTOR YANKELEVICH, "Controverse", en: *Fin D'une analyse, finalité de la psychanalyse*, Solin, Paris, 1989.

EY, HENRY; P. BERNARD y CH. BRISSET, *Tratado de psiquiatría*, Toray Masson, Barcelona, 1978.

FREUD, SIGMUND, "Puntualizaciones psicoanalíticas sobre un caso de paranoia (Dementia paranoides) descrito autobiográficamente" (1911), en: *Obras completas, tomo XII*, Amorrortu, Buenos Aires, 1979, p. 1

—————— "Complemento metapsicológico a la doctrina de los sueños" (1917), en: *Obras Completas, tomo XIV*, Amorrortu, Buenos Aires, 1979, p. 215.

FREUD, SIGMUND, "Duelo y Melancolía" (1917), en: *Obras Completas, tomo XIV*, Amorrortu, Buenos Aires, 1979, p. 151.

——————— "La pérdida de realidad en la neurosis y la psicosis" (1924), en: *Obras Completas, tomo XIX*, Amorrortu, Buenos Aires, 1979, p. 189.

JULIEN, PHILIPPE, "Lacan et la psychose", en: *Revista Littoral*, N° 21, Erès, Toulousse, 1986, p. 5.

KANNER, LEO, *Psiquiatría infantil*, Siglo XX, Buenos Aires, 1985.

KONONOVICH, BERNARDO, *Psicodrama comunitario con psicóticos*, Amorrortu, Buenos Aires, 1981.

KRAEPELIN, EMILE, *Introduction a la psychiatrie clinique*, Navarin, Paris, 1984.

LACAN, JACQUES, "D'une question preliminaire a tout traitment possible de la psychose", en: *Ecrits*, Éditions du Seuil, Paris, 1966, p. 531.

——————— "Homenaje a Marguerite Duras del Rapto de Lol V. Stein", en: *Intervenciones y textos N°2*, Manantial, Buenos Aires, 1988, p. 63.

——————— *Seminario Le Sinthome*, 1975. Inédito. Desgrabación directa sin corrección.

——————— *De la psychose paranoique dans ces rapports avec la personnalité*, Éditions du Seuil, Paris, 1975. Hay una versión en castellano: *De la psicosis paranoica en sus relaciones con la personalidad*, Siglo XXI, México, 1979.

MALEVAL, JEAN CLAUDE, *Locuras histéricas y psicosis disociativas*, Paidós, Buenos Aires, 1987.

MANNONI, MAUD, *L'autre scene. Schreber als Schrebier en clefs pour l'imaginaire ou l'autre scene*, Éditions du Seuil, Paris, 1969, pp.75-114.

——————— *Un lie pour vivre*, Éditions du Seuil, Paris, 1976, p. 157. Hay una versión en castellano: *Un lugar para vivir*, Crítica, Barcelona, 1982.

MILLER, JACQUES-ALAIN, "Supplement topologique a la "Question preliminaire" en "Les psychoses", en: *Lettres de l'Ecole, Bulletin interieur de l'ecole freudienne de Paris*, 1979, p.127.

MORENO, J. L., *Psicodrama*, Lumen, Buenos Aires, 1993.

OURY, JEAN, *Psychoterapie instituonelle*, Traces Payot, Paris, 1977.

PANKOW, GISELA, *El hombre y su psicosis*, Amorrortu, Buenos Aires, 1974.

PEREYRA, CARLOS, *Parafrenias. Delirio clónico de las ideas poliformas*, Ed. Salerno, Buenos Aires, 1965.

SEARLES, H., "El paciente esquizofrénico y su terapeuta" (1° parte), en: Revista Argentina de Psicopatología, Vol. III, N° 5, Prensa médica internacional, Buenos Aires, 1992, pp. 21-30.

SPURGEON, ENGLISH y OTROS, *Análisis directo y esquizofrenia*, Paidós, Buenos Aires, 1965.

SCHREBER, DANIEL P., *Memorias de un enfermo nervioso*, Carlos Lohle, Buenos Aires, 1979.

VEGH, ISIDORO, "Acerca de un tratamiento posible de las psicosis", en: *Matices del psicoanálisis*, Agalma, Buenos Aires, 1991.

——————— "El melancólico objeto del maldecir", en: *Matices del psico-análisis*, Agalma, Buenos Aires, 1991.

——————— "Las psicosis", en: *Matices del psicoanálisis*, Agalma, Buenos Aires, 1991.

VEGH, ISIDORO y OTROS, *Las psicosis*, Homo Sapiens, Rosario, 1993.

VEREECKEN, CHRISTIAN, "De la fin de l'analyse des melancoliques", en: *A propos de psychosés*, Actes de L'ecole de la Cause freudienne, París, febrero de 1982.

WOLFSON, LOUISE, *Le schizo et les langues*, Gallimard, Paris, 1970.

Autores

Isidoro Vegh

Psicoanalista, ejerce en Buenos Aires, lugar también de su enseñanza. Miembro fundador de la Escuela Freudiana de Buenos Aires. Director durante varios años de la revista *Cuadernos Sigmund Freud*. Es autor de: *La clínica freudiana* (Lugar Editorial, 1984), *Matices del psicoanálisis* (Agalma, 1991), *El prójimo. Enlaces y desenlaces del goce* (Paidós, 2001), *Las intervenciones del analista* (Agalma, 2º edición, 2004), *Las letras del análisis* (Paidós, 2006), entre otros.

Laura R. D'Agostino

Psicoanalista. Miembro de EFBA. Fundadora del Ex Hospital de Día del servicio de Salud Mental del Hospital General Manuel Belgrano.

Presidenta de la Fundación Brizna.

Escribió trabajos sobre la clínica de la psicosis y clínica psicoanalítica en general.

Noemí Romano

Profesora Nacional de Expresión Corporal. Trabaja desde 1984 en la educación por el arte, con chicos, y en diversas instituciones de la salud mental, abordando el trabajo corporal desde el campo psicoanalítico.

Integró durante seis años el equipo del Hospital de Día del Hospital Belgrano.

Realiza su actividad actualmente en la Fundación Brizna, institución de la que es miembro fundadora.

Carlos Alberto Benevet

Artesano. Coordina y supervisa los talleres del Hospital de Día del Hospital General Manuel Belgrano, Hospital Posadas.

Uno de los pioneros en la creación de la 1º Feria Artesanal de Plaza Francia.

Autor de diversos escritos sobre la temática artesanal y la relación con la salud mental, publicados en distintos medios.

Marcelo Lebedinsky

Músico, coordina y supervisa el Taller de Música en el Hospital de Día del Hospital General Manuel Belgrano. Profesor en distintas instituciones educacionales. Participante en grupos de música. Investigador.

María Mendes

Psicoanalista. Miembro de la EFBA. Forma parte de la redacción de *Fluctuat nec mergitur*, publicación de psicoanálisis. Ex docente de la Universidad del Salvador. Ha ejercido su práctica en el Hospital Vecinal de Lanús y en el Hospital Parmenio Piñero. Realizadora de cine y video. Ex docente de la Escuela de Cine de la Municipalidad de Vicente López. Coordinadora de talleres de cine y video. Miembro de la Fundación Brizna.

Silvia Cabanas

Psicoanalista. Miembro fundador de la Fundación Brizna para la asistencia, docencia e investigación de las enfermedades mentales graves.

José Fernández Tuñón

Psicoanalista. Docente de la Facultad de Psicología de la UBA, autor en colaboración de diferentes libros y artículos sobre la clínica psicoanalítica.

Viviana San Martín

Obtuvo el título de psicóloga en la UBA. Psicoanalista. Docente de la UNLP. Miembro de la EFBA. Miembro fundadora de la Fundación Brizna.

Guillermo Umarán

Psicoanalista. Miembro fundador de la Fundación Brizna. Ex docente de la Escuela de Postgrado del Colegio de Psicólogos de la Prov. de Bs. As., Distrito XIV. Ha ejercido su práctica en el Hospital de Día del hospital Gral. Manuel Belgrano, en la Clínica Guadalupe, en la comunidad terapéutica Casa Púrpura y en el Hospital Nac. Prof. Alejandro Posadas.

Edgardo R. Álvarez

Psicoanalista, Hospital de Día Manuel Belgrano, San Martín, Buenos Aires.

Martín Baudizzone

Psicoanalista de niños.

ÍNDICE